行政経営改革の
理論と実務

編著

横山 幸司
yokoyama kouji

著

廣瀬 浩志
hirose kouji

三宮 章敬
sannomiya akiyuki

近藤 一夫
kondou kazuo

廣瀬 良太
hirose ryouta

平田 明寿
hirata akihisa

島 健人
sima taketo

SUNRISE

〒

■ご住所

_{ふりがな}
■お名前　　　　　　　　　　■年齢　　　歳　男・女

■お電話　　　　　　　　　　■ご職業

■自費出版資料を　　　　　希望する ・ 希望しない

■図書目録の送付を　　　　希望する ・ 希望しない

サンライズ出版では、お客様のご了解を得た上で、ご記入いただいた個人情報を、今後の出版企画の参考にさせていただくとともに、愛読者名簿に登録させていただいております。名簿は、当社の刊行物、企画、催しなどのご案内のために利用し、その他の目的では一切利用いたしません（上記業務の一部を外部に委託する場合があります）。

【個人情報の取り扱いおよび開示等に関するお問い合わせ先】
　サンライズ出版 編集部　TEL.0749-22-0627

■愛読者名簿に登録してよろしいですか。　　□はい　　□いいえ
ご記入がないものは「いいえ」として扱わせていただきます。

愛読者カード

ご購読ありがとうございました。今後の出版企画の参考にさせていただきますので、ぜひご意見をお聞かせください。なお、お答えいただきましたデータは出版企画の資料以外には使用いたしません。

●書名

●お買い求めの書店名（所在地）

●本書をお求めになった動機に○印をお付けください。

  1．書店でみて　2．広告をみて（新聞・雑誌名　　　　　　　　　）

  3．書評をみて（新聞・雑誌名　　　　　　　　　　　　　　）

  4．新刊案内をみて　5．当社ホームページをみて

  6．その他（　　　　　　　　　　　　　　　　　　　　　）

●本書についてのご意見・ご感想

購入申込書

小社へ直接ご注文の際ご利用ください。
お買上 2,000 円以上は送料無料です。

書名	（	冊）
書名	（	冊）
書名	（	冊）

まえがき

　2020年初頭より始まったコロナ禍は、この原稿を書いている2023年初頭ついに４年目を迎えました。すでにコロナ禍は終わったという説もあれば、いや拡大しているという説もあり、私たちは何を信じて良いのか分からない不確実性の時代に生きています。

　このような時代の中にあっても、多くの自治体職員の皆さんは、コロナ禍への対応をはじめ、新たなDXへの対応など次から次へと必要となってくる業務に懸命に立ち向かっておられます。心より敬意を表したいと思います。

　一方で、まったく今の時代にそぐわない条例や制度を変えようともしない、旧態依然とした自治体や職員も時々見受けられます。もはや未曾有の人口減少社会・超高齢社会の中で、前例踏襲や慣例主義は通用しません。行政経営は生き物と同じであり、常に時代の変化に対応していかねばなりません。

　滋賀大学では、そうした行政経営を支援するため、行政職員や地方議会議員の皆さんを対象に、行政経営の知識やスキル、ノウハウを学ぶ「行政経営改革塾」を2019年度より開講しています。

　本書はこの行政経営改革塾の講師陣の基調講義録を基に、書籍用の書き下ろしを加え再構成したものです。普遍的な行政経営改革の意義や手法をはじめ公会計による財務分析、自治体DX、BPOの推進、さらには公営企業や公共施設のマネジメントの解説などいずれも行政経営改革に欠かせない最先端の内容を豊富に盛り込んでいます。

　一つでも多くの自治体が、真の行政経営改革によって、不確実性の時代を強く生き抜いていただくことを願ってやみません。本書がその一助となれば幸いです。

2023年３月

編著者　滋賀大学経済学部 教授／社会連携センター長　横 山 幸 司

目　次

まえがき

なぜ今、行政経営改革が必要なのか

滋賀大学　横山幸司

人口減少社会と超高齢社会

　はじめに、「なぜ今、行政経営改革が必要なのか」について述べていきたいと思います。私は大きくは五つの背景があると考えています。一つ目は何といっても人口減少社会と超高齢社会だと考えます。このことがありとあらゆる面で現代の我が国の社会、公共政策の問題を考えるときの大前提だと思います。2015年の国勢調査で日本の人口が初めて減少に転じました。2020年の国勢調査では、さらに加速度的に人口減少ならびに高齢化が進んでいることが明らかになっています。今すでに過疎地を抱えている自治体の皆さんは危機感を持っていらっしゃると思いますが、JR沿線の自治体などではまだ増えているところもあり、その辺の危機感が希薄です。しかし、そうした自治体も人口が増えているのは駅前のマンション群か新興住宅地だけで、ひとたび郊外に出れば、過疎の地域があり、人はいるけど高齢化しているというのが現実です。今は少し、他の自治体より人口が多いとか、減っていないとか言っていても、2040年には、すべての都道府県で人口が2010年時と比して減少することが予測されています。さらに2060年には、総人口は現在の約4分の3、高齢化率は約40％に達するであろうと予測されています。それに対して、各自治体は、何か手を打っているかというと、手を打っていないというのが現実ではないでしょうか。

　このことを裏付けるかのように、総務省は、2022年4月1日現在で「過疎地域の持続的発展の支援に関する特別措置法」（いわゆる「新過疎法」）に基づき、「令和2年国勢調査結果を反映した過疎地域」を発表しましたが、「全部過疎」「一部過疎」「みなし過疎」地域のいずれかを含む団体数は885団体を数えます。現在、全国の市町村数が1,718ですから、半数を超える団体が過疎地域を抱えていることになります。この数字を見て、私が思い出しましたのは、2014年に日本創生会議が発表しました「2040年に消滅可能性がある市区町村の数」896です。当時（2013年3月）の市区町村数は1,799と分母も要

件（注1）も違いますが、いずれにしましても約半数の自治体が過疎もしくは、消滅可能性があるということです。しかし、厄介なのは、消滅可能性都市とは、いきなり市町村が無くなるのではなく、じりじりと行政や社会保障の維持、雇用の確保などが困難になっていくということです。皆さんは「ゆでガエルの理論」というのをお聞きになったことがあるかと思います。すなわち、「カエルは、いきなり熱湯に入れると驚いて逃げ出すが、常温の水に入れて徐々に水温を上げていくと逃げ出すタイミングを失い、最後には死んでしまう…」というものです。まさに今の地方自治体がこの状態だと言えます。皆、何となく危機が迫っていることを分かってはいるが、実際には自分が矢面に立つのは嫌なので誰も改革をしようとはしない。しかし、その危機は、もうそんなに遠い先ではありません。私の知っている限り、すでに特定の行政分野において行政職員が確保できず、行政機能が維持できない自治体が出てきています。行政経営改革は待ったなしなのです。

　地方創生で移住・定住政策、あるいは子育て支援政策などの政策を実施している自治体は多いと思います。しかし、移住定住で何世帯増えたとかというのは全否定するつもりはないですが、焼け石に水ではないでしょうか。

　首長や議会議員の中には、自分の任期中は人口が減るということは言わず、今なお、にぎわいを創出するだとか、ハコモノを建設するとかを公約に掲げている例を見受けますが、愚かなリーダーシップと言えましょう。政治は、これからの人口減少社会と超高齢社会を見据えたコンパクトシティ化や補助金等制度の見直し、ひいては地域社会の再構築に向けてシビアな判断をしていかなくてはなりません。

　ここで私が申し上げたいのは、これからの人口減少社会と超高齢社会を悲観視するということではありません。人口を増やそうとか、他の地域から移住させようとかということよりも、むしろ人口が4分の3になるならそれに合わせた、まちづくりや公共政策を考えていこうということです。ハードにおける公共施設の合理化をはじめ、ソフトにおいても、既存の組織や事業を見直し、少ない予算と人口で皆が幸せに生きていくためにはどのような制度、

社会が良いのかを再構築していこうということです。その手法こそが、本書で述べていく「行政経営改革」に他なりません。

　マクロの人口について見てきましたが、それでもまだ実感が少ない人もいるでしょう。それでは、今度はもう少しミクロに、自治体の職員数を見てみましょう。日本国民はお上意識が強くて、人口が減って、コミュニティが崩壊して、いろんなことが滞ったときには、最後は役所が助けてくれるだろうと思っています。私も一住民としてその考えは、半分はあります。ただ、半分は現実を知っているので、そうではないことも分かっています。

　全国の地方公共団体職員数は、1994年をピークに2022年現在、約48万人（15％）も減少しています。皆さんの自治体でもおそらく２割近く職員数が減っているのではないでしょうか。なのに、仕事は減らず、むしろ増え続けているのが現状ではないでしょうか。多くの自治体職員が、アップアップの状況で仕事をされているのではないかと思います。霞が関をはじめ、日本の官僚機構は極めて脆弱な状況にあると言っていいでしょう。

　自治体職員数が減ると一番どんな時に問題が露呈化するかというと、それは災害時などの非常時です。近年、集中豪雨や地震などの自然災害が多発しており、毎年のように全国で被害が出ています。その時に、あまり報道されませんが一番問題となっているのは実は役所が機能していないということです。それは当然です。役所も人が減り、高齢化しているのです。自治体職員が一戸ずつ回って、住民を救助することは不可能なのです。だからこそ、公共私の役割分担が必要であり、住民も自分たちで出来ることは自分たちで行っていかなくてはなりません。これは何も防災の分野に限ったことではありません。すべての政策分野において、これからの時代は行政頼みでは立ち行かないのだよ、役所も助けられないのだよということを住民の皆さんにも認識して頂かなくてはいけません。かといって役所が何もしなくていいということではありません。適切な公共私の役割分担、公民連携や市民協働が必要ですが、そのことについては後ほど述べます。まずは、自治体職員も住民

も人口減少社会と超高齢社会を前提にこれからのまちづくり・公共政策を考えていただきたいということが本節のまとめです。

国家的な財政難

　二つ目に、これも言わずもがなのことですが、国家的な財政難の問題です。財務省の発表では国及び地方の長期債務残高は、2021年度末でついに1223兆円に達しました。国民一人あたりでは約970万円の借金を抱えていることになります。2000年代の中ごろに600兆円台で推移していた時に、これでは我が国が立ち行かなくなるという危機感から平成の市町村合併等も推進されましたが、現在はその頃の2倍になっています。我が国のGDPの2倍であり、先進国で最悪です。こんな国は他にありません。大きすぎて実感が湧かないかもしれませんが、令和元年10月1日から消費税率が引上げられたことはその最たる証拠でしょう。2020年初頭から全世界を襲ったコロナ禍により、国の財政支出もさらに多くなっており、長期債務残高は膨らむ一方です。地方への負担増大も懸念されています。地方自治体は一層、自分たちで出来る限りの健全財政を目指さなくてはいけません。

　この財政難についても、もう少しミクロの視点で身近な自治体に引き付けて見ていきましょう。

　自治体の財政を計る指標はいくつもありますが、最も分かりやすいのは経常収支比率です。人件費、扶助費、公債費等、どうしても必要な経費が、地方税、普通交付税等の一般財源に対して占める割合です。これは100％に近いほど財政の硬直度を示すというわけですが、全国の自治体平均で93.8％（令和3年度決算）となっています。つまり、自治体で裁量のある予算は数パーセントしかないということです。残りの数パーセントも多くは予算の使い途がほぼ決まっていて、本当に裁量のある余地はほとんどないと言っても過言ではないでしょう。よく首長や議会議員が公約で「当選した暁にはあれをや

る、これもやる」といった公約を掲げる例を見受けますが、まったく財政を
ご存知ないと言わざるを得ません。

　皆さんの自治体はいかがでしょうか。私が知っている自治体の中にも、この2～3年のうちに100％に到達するという自治体があります。コロナ禍でそれが早まることが予想されます。100％に到達したら、どうなると思いますか？　答えは簡単です。もう削るものはないのですから、あとは人件費をカットすることになります。私の知っている自治体でも2020年度中に複数の自治体が人件費カットを行いました。しかし、私はこれらの自治体には腹立たしさを覚えます。なぜなら、いずれの自治体も本当の行政経営改革を行っていなかったからです。社員の給料をカットするという手法は一番愚かな経営者のすることです。首長や議会議員はそれでもいいかもしれませんが、職員の皆さんには生活があります。赤字垂れ流しの公共施設や補助金等を見直すことなく、職員の労働環境を悪化させることは、自治体の力をさらに弱体化させ、ひいては市民サービスの低下につながります。

　ですから、自治体職員の皆さんにはそうなる前に行政経営改革を行って頂きたいと思います。そして、住民の皆さんも地域エゴや団体エゴで、いつまでも公共施設や補助金等の既得権益を主張することはやめて、自治体全体の経営を理解して頂きたいと思います。

公共インフラの危機

　三つ目の背景にいきたいと思います。財政難の中でも、けた違いに自治体財政の負担になっているのは、公共インフラに係る経費です。

　国土交通省の調べでは、2033年頃には、多くの公共施設・インフラが建設後50年以上を経過するという試算が出ています。経年劣化のみならず住民や利用者のニーズの多様化、バリアフリー化、耐震化などに対応するための大規模改修や更新が必須となってきます。同じく国土交通省の別の試算では、

2030年代後半からは、維持管理・更新費が投資可能総額を上回るという試算もあります。つまり、各自治体では、新規に公共施設・インフラを整備する予算はなく、ひたすら維持管理・更新に追われるということが予想されているのです。いずれもそんなに先のことではありません。今後10年余のことです。

　そこで、総務省は全国の地方公共団体に対し、「公共施設等総合管理計画」の策定を要請し、早急に公共施設マネジメントを進めることを促していますが、地方の現場ではいまだに地域エゴや団体エゴから、一向に合理化が進んでいないのが現状ではないでしょうか。首長や議会議員ひいては住民も後世に借金のツケを回すことのない責任ある判断をしていただきたいと思います。

　関連して、公営企業の経営も問題となっています。代表的な例として、水道事業があります。ある自治体のシミュレーションですが、このままいけば、この数年以内に基金が底をつきます。水道事業そのものが成り立たない自治体が出てくることが予想されています。これが全国的に大きな問題になっています。新しいまちは水道管が新しいので、まだいいのですが、古くからのまちほど厳しい。そこで、また総務省は、水道事業や下水道事業などの公営企業に対して「経営戦略」の策定を要請し、適切な料金の改定や計画的な整備・更新を促しています。また、2018年末には水道法やPFI法が改正され、コンセッション方式（公共施設について、施設の所有権を公共主体が有したまま、施設の運営権を民間事業者に設定する方式。）も可能となりました。

　斎場やごみ処理施設は広域化が進んでいますが、水道事業や下水道事業においても広域化・共同化は不可避でしょう。これらは、他の公共施設にも言えることです。これからの時代は単独の自治体がフルセットで公共施設やインフラを備えることは困難であり、なるべく圏域で考えていくべきでしょう。

　もちろん、その際に市民サービスが切り捨てられるようなことがあってはいけません。声の大きい地域の公共施設だけが残るというようなこともあってはいけません。地方自治体は、公共施設の将来にわたってかかる更新や運営コスト、防災や市民サービス提供等の観点から適切な地域バランスを考慮

した配置案、そして、健全な財政が立ち行くために、統廃合、複合化、民営化等のいかなる手法を選択するのかといったことを議会や市民に対して愚直に説明していく必要があります。

行政の肥大化と既存組織の機能不全

　四つ目の背景にいきたいと思います。行政の肥大化と既存組織（事業）の機能不全です。私はこれまでにも多くの自治体で事務事業の見直しを実施してきました。その際にも、こんな団体があって、こんな補助金を出していたのかという、びっくりするような事業に出くわすことがよくあります。現代では絶対に住民に理解されないと思われる補助金ですが、昭和の時代につくられて今日まで残っているような例です。言い換えれば、お金があった時の遺物です。行政の肥大化はいつ頃から始まったのか。それはそんなに昔ではありません。私は昭和30年代以降、つまり高度経済成長期以降と捉えています。どういうことかというと、行政は高度経済成長により多くの財源ができて、いろんな法律ができて、行き届いた公共政策をやることによって、どんどん肥大化してきました。それがお金のある時期はよかったのですが、お金がなくなってくると優先度とか、そんなことまで行政がする必要があるのかという議論が必要になってきたわけです。行政の肥大化の何が問題なのかと言えば、高度経済成長期、同時に人口増大期につくられた公共の施策が、人口が減っていく、財源も減っていく現代のなかで今なお当時と事務事業数は変わっていない。むしろ増え続けていますが、これでは、行政が破たんすることは目に見えているわけです。まずこの点が問題です。

　さらに問題なのは、既存組織の機能不全です。近年、戦後につくられた代表的な地域の組織における不祥事のニュースが後を絶ちません。自治会やPTA役員らによる会費の横領、民生委員による視察と称した旅行、不祥事とまではいかなくても、自治会やPTA加入の強制、社会教育団体への極度

な減免や補助金の既得権益化などが度々問題となっています。

　もちろん、これらの既存の団体において、多くの人は真面目に活動されていると思います。しかし、どこの団体でも人口減少と高齢化による担い手不足、財源不足に悩まされており、いつの間にか、活動の本旨を忘れて、団体を維持することが目的化している例が少なくありません。さらに、行政や団体の上部組織からの体のいい集金・動員マシーンと変質化している例も多く見受けられます。

　これらの問題の本質は、戦後につくられた組織が現代の課題に対応できておらず、機能不全に陥っていることだと思います。この問題を解決するためには、既存の組織を現代の需要に合わせて統合再編あるいは再構築し、少ない担い手と財源を地域課題の何に充てるのか、そのために必要な組織は何かを真剣に検討する時期に来ているのではないでしょうか。

公共私の役割分担

　別の観点から行政の肥大化を考えていきたいと思います。我が国は、近世まで、基本的には市民自治・地域自治でした。江戸時代は名主や庄屋さんというような、地域のコミュニティのリーダーがいて、基本的に自治を行っていました。明治以降、近代行政の成立とともに行政が成熟していき、それが、現代では肥大化しすぎたとも言えます。そして2000年代初頭から「市民協働」ということが強く言われてきました。単純にこれは行政が縮小すればよいということではありません。公共私の役割分担をもう一度考え直していかないと、行き詰まるということです。防災で考えると分かりやすいと思います。防災では、公助・共助（互助）・自助が大切と言われます。やっぱり行政でやるべきこと、自分たちでやるべきこと、ご近所でやらなくてはいけないことがあります。それはそうしろということではなくて、自分でまず避難するとか、防災グッズを準備しておくとかは、自分しか出来ません。そして自分

だけで出来ないことは、近所で助け合って、要支援者を助け出すとかをしなくてはいけません。あるいは、日ごろから、行政と住民が協働して「個別避難計画」を策定したりすることが大事です。そして、自分や近所ではどうにも出来ないこと、避難所を設置したり、自衛隊を要請したり、こういうことは行政にしか出来ません。これらは公から私への責任の押し付けでもなく、逆に私から公への依存でもありません。公共私が適切にそれぞれの役割を担うことにより、結果としてまちの防災力を高めることになるのです。こうした役割分担は防災分野だけでなく、すべての行政分野に必要です。市民協働政策については、役所の中でも協働の意味が勘違いされている例が多く見受けられます。市民協働の担当課だけが協働を叫んでいて、協働のための協働になっている例が多く見受けられます。あらゆる行政分野で公共私の役割分担を整理していく必要があります。このことは第15章で詳述しますが、公共的な事柄について、いつまでも行政が全部を担うとか、逆に全部自治で担うというのはどちらも間違いです。行政と住民双方が認識を改める必要があります。

変わりゆく公の概念

　五つ目の背景として、公の概念そのものが変わりつつあると私は考えています。

　近年、PPP（公民連携、パブリック・プライベート・パートナーシップ）という言葉が盛んに使われるようになってきましたが、それ以前にはNPM（ニュー・パブリック・マネジメント）という言葉がよく使われていました。1990年代終わりから2000年代に流行った言葉ですが、PPPと何が違うかというとニュー・パブリック・マネジメントというのは直訳すると「新公共経営」ですけど、要するに地方公共団体の経営に民間の経営手法を取り入れようということです。これは、英国が発祥の地ですが、その影響を受けて我が国で

つくられた制度が、指定管理者制度とか、行政評価等の制度です。しかし、それではまだまだ甘いということで最近はPFI（プライベート・ファイナンス・イニシアティブ）とか指定管理者制度、民間委託、アウトソーシングなどすべてを含んだPPPという概念が推進されているわけです。公共領域というものを完全に地方公共団体と民間がともに担うというのがPPPの最終目標です。我が国のPPPは未だ公共施設等ハードの建設・管理運営が中心であり、まだまだ真のPPPに至っていないと言えます。

　また、2011年に米FSGコンサルティング社のジョン・カニア、マーク・クラマーが提唱した「コレクティブ・インパクト」という概念も出てきました。「コレクティブ・インパクト」とは、「異なるセクターから集まった重要なプレーヤーたちのグループが、特定の複雑な社会課題の解決のために、共通のアジェンダに対して行うコミットメントである」と定義されています。

　こうした世界の潮流を踏まえたのか、総務省「自治体戦略2040構想研究会・第二次報告」（2018）では、2040年の地方公共団体はどうあるべきかについて提言しています。これを読みますと上記のPPPやコレクティブ・インパクトの概念と通底しているように思います。どういうことかというと、今までの地方公共団体はサービス・プロバイダーであった。つまり、公共サービスの提供者＝役所です。日本国においては、当たり前のことです。しかし、こらからの地方公共団体というのは、プラットフォーム・ビルダーに徹するべきだと。こういうことを言っています。つまり、将来は、それぞれの政策分野で公共的なサービスを提供するのは、全部民間企業が担います。福祉であろうと、教育であろうと、なんであろうと。公共領域が公共サービスのプラットフォームであるとすれば、その調整をし、規律をしたりするプラットフォーム・ビルダーの役割だけが、地方公共団体の役割であると。そういうものになっていくべきだと総務省研究会が提言しているのです。あと20年で、本当にこのような世界が来るのかどうかは、私もにわかに想像できませんが、自治体職員や我々国民も大きなパラダイムの転換期に来ていると考えるべきなのかもしれません。

行政経営改革を行わないと

　以上、行政経営改革が必要な背景について5点述べてきました。では、行政経営改革を行わないとどうなるのでしょうか。これも皆さん百も承知のことですが、あえて申し上げますと、①限られた行政職員と財源では、公共政策は維持できない。②同様に、担い手不足・財源不足の地域の団体は維持できず、コミュニティも維持できない。③事務処理ミスは増加し、職員の疲弊や職員間のトラブルが発生する。④現代的課題（引きこもり、孤独死、DV・児童虐待、特殊詐欺、買い物難民など）に対応できない。⑤最悪、不祥事につながる（自治会、PTA、社会教育団体、福祉団体等の役員あるいは担当行政職員の着服・横領、公文書偽造など）といったことになりましょう。もちろん、ひいては市民サービスの低下、究極には自治体の破綻ということになりましょう。

　もはや、行政経営改革は待ったなしです。しかも、コロナ禍を受けてその要請は強まったと言えるでしょう。コロナ禍を受けて、①不要不急のイベント等事業の休止、②書類・手続きの簡素化、デジタル化の促進。③テレワーク、時短勤務等、働き方改革の促進。④不要不急の会議の休止、会議時間の短縮、リモート化の促進。⑤民間活力の推進などが推進されました。しかし、これらは、本来、コロナ禍以前から行うべき行革の項目です。コロナ禍だから行うとかコロナ禍が過ぎ去ったら元に戻すということではなく、コロナ禍を機会に今まで遅々として進まなかった改革に着手すべきです。まさに"禍を転じて福と為す"コロナ禍を行革の最大の機会と捉えたいと思います。

　第1章のまとめです。行政経営改革が必要な背景には、人口減少ならびに超高齢社会や国家的な財政難、行政の肥大化、公の概念の変化などがあります。しかし最大の問題は、戦後長らく続いてきた既存の組織・事業が制度疲労をおこし、現代の地域をめぐる諸課題に対応できていないことにあります。自治体経営とは、適切な公・民・協働（公共私）の役割分担により、公共領

域を担っていくことであります。コロナ禍をきっかけに、行政経営改革を一層進めるべきと考えます。

参考文献

※国立社会保障人口問題研究所「総人口及び年齢構造係数：出生中位（死亡高位）推計」（2018）

※総務省「令和2年国勢調査『人口等基本集計結果』」（2021）

※増田寛也編著「地方消滅」（中央公論新社、2014）

※総務省「過疎地域の持続的発展の支援に関する特別措置法 概要」（2022）

※（注1）「消滅可能性自治体」の定義は、2010年から2040年にかけて、20～39歳の若年女性人口が5割以下に減少する市区町村。さらに2040年に人口1万人未満（推計）の523自治体は「消滅可能性が高い」とされている。
　新過疎法による地域要件は、S55からR2にかけて、人口が、30％以上減少、財政力指数が0.40以下の場合25％以上減少、高齢者比率が38％以上など。

※総務省「令和4年地方公共団体定員管理調査結果」（2022）

※財務省「日本の財政関係資料（令和4年4月）」

※総務省「令和4年版地方財政白書（令和2年度決算）」（2022）

※国土交通省「社会資本の老朽化の現状と将来」（2018）

※国土交通省「国土交通白書」（平成21年度）

※総務省「自治体戦略2040構想研究会・第二次報告」（2018）

※デイヴィッド・ピーター・ストロー著、小田理一郎監訳、中小路佳代子訳「社会変革のためのシステム思考ガイド」（英治出版、2018）

第 2 章

行政経営改革とは何か

滋賀大学　横山幸司

我が国の行政経営改革の系譜

　我が国で行革（行財政改革の略語。近年は従来よりも広い概念を含めて行政経営改革という言葉が使われることが多くなりました。本書でも引用文献を除いて行革もしくは行政経営改革と表記させていただきます）という言葉がポピュラーになったのは中曽根内閣の時からです。三公社の民営化ですとか、日米構造改革などがありました。それから橋本内閣の時に中央省庁再編、地方分権計画というのがありました。それから小泉改革、このあたりからは記憶に新しいと思います。三位一体の改革とか、平成の市町村合併も進みました。その後、安倍内閣の時代には、PPP政策などが、アベノミクスの一環として進められました。2020年度からは、会計年度任用職員制度がスタートし、都道府県や指定都市には内部統制制度が義務付けられました。現在は、デジタル化などが推進されています。いずれも行革のためにつくられた制度ではありませんが、私はすべて行革の一環であると考えています。

　行政経営改革というのは、とかくコストカットに目が行きがちですが、平石正美氏によれば「財政再建と小さな政府」「市場と規制緩和」「ガバナンス改革」の三つの流れがあります。これを地方自治体に引き付けて見ていきますと、「財政再建と小さな政府」は一番分かりやすいですが、なるべく行政の役割を縮小し、財政支出を抑えることです。しかし、行革はそれだけではありません。二つ目の「市場と規制緩和」は、公共領域の民間への市場開放、すなわち公共分野を行政だけが担っていくというわけではなく、どんどん規制緩和して市場に開放していくということも一方で重要です。指定管理者制度やPFIなどの公民連携や市民協働もここに位置付けられるでしょう。そして、三つめに「ガバナンスの改革」です。ここが一番重要なように思います。地域自治の制度や情報公開制度など、制度やガバナンスそのものを改革するということです。このように、行革というのは決してコストカットだけではなく、民間活力の導入や活性化、あるいは制度やガバナンスの改革をも含ん

だものであるということを是非覚えておいていただきたいと思います。

行政経営改革の法的根拠

　国には、「簡素で効率的な政府を実現するための行政改革の推進に関する法律」いわゆる「行革推進法」という法律があり、第二条に行革の「基本理念」がうたわれています。そして第三条に「国及び地方公共団体は、次章に定める重点分野について、前条の基本理念にのっとり、簡素で効率的な政府を実現するための行政改革を推進する責務を有する。」とあります。しかし、その内容はほとんど国の行革に関する規定であり、地方公共団体に関する規定は、第五十五条の「地方公務員の職員数の純減」、続く第五十六条の「地方公務員の給与制度の見直し」などと少ないです。

　関連して、「行政機関が行う政策の評価に関する法律」いわゆる「政策評価法」も国の行政機関を対象としたものであり、地方公共団体の政策評価を規定したものではありません。

　そのため、地方自治体においては政策評価をはじめ行革の仕方がバラバラでその姿勢にも温度差があります。

　では、地方自治体は何の拠り所もなく行革を行っているのかといえばそうではありません。地方自治の憲法と言われる地方自治法では、その第一条で「民主的にして能率的な行政」ということを言っています。第二条では、「最小の経費で最大の効果」という条文があります。また、「組織及び運営の合理化、規模の適正化」という条文もあります。ゆえに地方自治そのものが行革と表裏一体であることが分かります。

「最小の経費で最大の効果」や「組織及び運営の合理化、規模の適正化」については、他に解釈の余地はないと思いますが、「民主的にして能率的な行政」については、いろんな解釈ができるかと思います。一つは、効率性だけを追求していくと民主的でなくなってしまう恐れがあるというものです。議

会も議論をおろそかにし、すべて多数決で決すれば、効率的ですがそれは民主的とは言えません。だから、「民主的」と「能率的」どちらも大事だよという解釈です。

　もう一つは私なりの解釈ですが、健全な民主主義を遂行するためには、能率的な行政でなければならないとうものです。ガバナンスというものは、その過程やどこかに不祥事・不適切な面があれば、必ず滞ります。特にお金の面でそれは露呈することが多いと思います。不祥事が起こる団体は、たいてい団体の長が独裁的であったりして、民主的なガバナンスが効いていないことが多いものです。そういう団体をいくつも見てきました。ですから、"逆も真なり"で、日ごろから能率的で適切な組織運営を行っていることが民主的な行政を担保することになると私は考えます。

　その他、「地方公共団体の財政の健全化に関する法律」いわゆる「財政健全化法」なども行革に関連する法令と言えるでしょう。

　また、地方公共団体内の法的根拠として、行革大綱を策定されている自治体も多いかと思います。地方自治体に行革大綱が最初に要請されたのは中曽根内閣の時です。その後の2000年代に地方分権一括法の施行や平成の市町村合併があって、集中改革プラン策定などの要請もありました。その際に、定員管理や組織・機構の改革や民間委託などの言葉が見られます。現在もこの頃の集中改革プランの延長のままの行革大綱になっている自治体も多く見受けられるので、現代に合わせて変えていく必要があります。

地方創生と行政経営改革

　先ほど、ガバナンスの改革も含めて行革であると述べましたが、行革はコストカットだけでなく、それぞれの部署が行革を行うと組織全体の風土が変わってきます。私は不祥事が起こる自治体はだいたい分かります。基本的な事務が出来ていない自治体です。さらに、行革の最終地点は地域社会の改革

だと思っています。自治体は補助金などを地域や団体に支出していますが不祥事を起こしているのに、しがらみがあってやめられない、続けている例も多く見受けられます。そのようなことを全部改めることを含めて行革です。役所・地域を含めたそのまち全体の改革ということです。

　地域社会に関連しまして、私は内閣府の地方創生推進事務局から「地域活性化伝道師」にも任命されているため、「地方創生」についてのご質問もよく受けます。ここで地方創生にも触れておきたいと思います。

　第1期の地方創生戦略（2015年〜2019年）が終わり、第2期（2020年〜）がスタートしていますが、第1期の評価は必ずしも高いものではなかったと思います。その理由として、私が思う第1期の地方創生戦略の一番の欠点は、経済の移転（インバウンドを代表とする観光政策や企業誘致など）、人口の移転（移住・定住政策など）、どれをとっても外部からの移転に頼りすぎていたことです。今回のコロナ禍は図らずも、その問題点を露呈させたともいえます。2020年度から始まった第二期の地方創生施策を見ても東京一極集中の是正が中心となっており、新しさを感じません。テレワークの推進などは大いに進めるべきですし、外部からの移転を全く否定するものではありません。しかし、高度経済成長期の組織や事業を「あの頃は良かった」「人もたくさんいたし、お金もあった」、だから再びというのは、真の地方創生ではないと思います。人口減少、財政難の世の中で、今の時代にあった組織や事業に見直し、人口減少時代にいかに耐え得る組織・事業、ひいては地域社会にしていくか、この改革を行っていくのが本当の地方創生だと思います。

　例えば、地方への移住・定住が促進され、企業の移転も推奨されていますが、果たして地方はそうした外部の人たちを受け入れる環境になっているでしょうか？　せっかく移住してきた人たちが、村八分にあい、また都会へと帰っていったという話も聞きます。企業人は、地域に何も溶け込むことなく、また転勤していくということもよくある話です。

　新住民も快適に暮らせるように、そのまちに愛着を持って、ふるさとを担う人に育っていただけるように、非民主的な因習などは打破し、旧住民も新

住民も共にそのまちをよく知るための「学びの機会」や、皆が進んでまちづくりに参加できるような「市民協働」の仕組みづくりが重要だと思います。

　観光に関しても、新しい観光施設をつくったり、他の自治体で成功したという、ないものねだりの方法を採り入れることではなく、自分たちの地域で埋もれていた歴史的資源や自然などに光を当て、新たな観光資源として磨いていく、そういう作業が地方創生ではないでしょうか。

　地方創生は、とかく景気のいい話が注目されがちですが、限られた人や予算、資源の中でいかに民主的に皆が幸せに過ごせる地域社会を構築できるかが本当の目的であり、それは行政経営改革の目的と通底していると私は思います。

　以上のことから、行革とは何かをまとめますと次の四点が重要ではないかと考えます。①行革は、「財政再建と小さな政府」だけを指すものではなく、「市場と規制緩和」、「ガバナンス改革」をも指す、②地方自治の本旨は行革の視点に立脚している、③行革とは単にコストカット・役所内の改革にあらず、地域社会を含めた地域全体の改革である。④地方創生もまず取り組むべきは、足元の自治体経営の健全化である。

間違いだらけの行政経営改革

　それでは、いよいよ行革の手順について述べていきたいと思いますが、その前に、行革に関する課題を見ていきたいと思います。行革を行っているという自治体も方法が間違っていたり、形骸化や実効性がないなどの問題を抱えています。数えあげたらキリがないほどですが、ここでは大きく七つの視点から問題点を見ていきたいと思います。

　一つ目は「体制・体系の視点」からです。そもそも、行政評価等行革の仕組みが整備されていない。行政評価委員会等行革を推進する組織が設置されていない。行革に外部の専門家等が参画していない。総合計画から行政評価

までが一連のものとして体系的に行われていない。行革と予算、人事が連動していない。などです。

二つ目に「方法（フェーズごと）の視点」からです。（「フェーズ」とは次節で述べます行革の各手順のことです。）行革大綱が策定されていない。行革大綱の内容が形骸化している。行革大綱が定期的に見直されていない。業務の棚卸し（業務量の把握）を行っていない。事務事業の見直しを行っていない。事務事業見直しを歳入・歳出別、地域・団体別等セグメント別に行っていない。定期的に行政評価等を行っていない。行政評価が形骸化している。行政評価シートが煩雑で職員の負担になっている。適切な行政評価の評価基準が設定されていない。適切な評価者の選任がされていない。などが挙げられます。

三つ目に「公共施設等ハード面の視点」からです。公共施設の合理化が（計画に沿って）進められていない。公共施設の整備や維持管理・運営に民間活力の導入が進められていない。適切な公共施設の受益者負担になっていない。公有資産の活用が進められていない。などが挙げられます。

四つ目は、「財政等ソフト面の視点」からです。職員が自分の自治体の財務指標を把握・理解していない。公会計による財務分析を行っていない。公会計を活用していない。歳入（使用料・手数料・減免等）、歳出（補助金・負担金・委託料等）の見直しを行っていない。歳入を増加させるための施策を進めていない。

五つ目に、「公民連携・市民協働の視点」からです。公民連携や市民協働に関する指針が策定されていない。ハード、ソフトを問わず、公民連携、市民協働の可能性を検討していない。適切な指定管理者制度等の民間活力の導入が行われていない。窓口業務等のアウトソーシングが進められていない。AI/RPAの導入が進められていない。などが挙げられます。

六つ目に、「実効性・改善の視点」からです。行革で指摘された事項を改善する仕組みが整備されていない。行革の結果が、次の総合計画や次年度の予算、人事に反映されていない。地域の改善に向けた支援を行っていない。

などです。

　その他にも、指定管理者制度やPFIは安上がりの道具だと思っている。補助金等を交付した先のチェックを行っていない。指定管理者や自治会等には介入できないと誤解している。国や県に言われた事業はやらないといけないと思っている。等々の例が多く見受けられます。

　以上のような問題点を踏まえ、行革を行う際の留意点として、次の七点を申し上げておきたいと思います。①行革は感情論ではなく、合理的・客観的、公正中立な基準に基づき行うこと。行政評価は、適切な評価者により評価すること、②議論の透明性が重要であること、③行革（評価）のための行革（評価）にならないこと、④様式はシンプルに、行革担当課（評価者）、原課（被評価者）ともに負担を少なくすること、⑤効率的・効果的な役割分担を考えること、⑥行政内部の所管の問題はもとより適切な公民連携・市民協働の視点が重要であること、⑦行革は地域を含めた改革であり、適切な中間支援も重要であること。

行政経営改革の手順

　それでは、いよいよ行革の手順について述べていきたいと思います。行革の手順とは、具体的には、①総合計画（行革大綱、内部統制方針）の策定→②現状分析（ⅰ財務分析、ⅱ業務の棚卸し（業務量調査））→③事務事業の見直し（歳入・歳出の見直し等）→④具体的な改善（既存制度の見直し、民間活力の導入等）→⑤定期的なモニタリング（政策評価・監査）という流れです。

　以下に、各手順（フェーズ）について説明していきます。

１）総合計画（行革大綱、内部統制方針）の策定…行政経営改革は総合計画の策定から始まっています。すべての政策は総合計画に沿って立案されているはずです。そもそも総合計画に記載のない政策があってはなりません。さら

には、その進捗状況をチェックするのが政策評価であることに鑑みれば、行政経営改革は総合計画から始まっていると捉えるべきです。さらに言えば、行政経営改革を行ったのちに新たな総合計画が策定されるべきです。全体的な総合計画の中にあっても、特に重点的に行政経営改革の指針を示すものが行革大綱です。2020年度からは、都道府県・政令指定都市において内部統制の方針を定めることが義務付けられました。内部統制は行政経営改革とは関係ないと考えている自治体が見受けられますが、内部統制の目的は、①業務の有効性・効率性、②財務報告の信頼性、③法令等の遵守、④資産の保全であり、これらは何も新しい概念ではなく、従前より行政経営改革や監査が目的としてきたものと相異ありません。行政経営改革をしっかりとやっている自治体は内部統制も監査も比例して問題がないと思いますが、行政経営改革を怠っている自治体は、内部統制や監査も不十分であることが往々にして多いと思います。従いまして、総合計画（行革大綱、内部統制方針）の策定は単なるお題目ではなく、具体的な行政経営改革を前提にして策定すべきと考えます。

２）現状分析（ⅰ財務分析、ⅱ業務の棚卸し（業務量調査））…上記の指針を踏まえ、具体的な行政経営改革の実施にあたり、真っ先に行うべき作業が現状分析です。現状分析には大きく２つの柱があります。一つは、「財務分析」です。私は地方公会計による財務分析を推奨しています。すべての自治体が財政健全化法による指標や地方公会計による財務４表（すなわち、①貸借対照表、②行政コスト計算書、③純資産変動計算書、④資金収支計算書）の公表を行っていますが、単式簿記による財政健全化の指標では本当の財務状況は浮かび上がってきません。例えば、総務省の調べでは、平成28年度決算において、実質赤字額がある（実質赤字比率が０％超である）団体はないとなっていますが、一般社団法人地方公会計研究センターが公会計（つまり複式簿記）に基づき1549自治体の本年度差額を計算したところ、何と６割の自治体が赤字となったのです。さらに言えば、公会計による財務４表の作成だけでは不十分です。例えば、行政コストがいくらと公表されても、それが高いの

か低いのか、適正な水準なのか分かりません。それは例えば、住民一人当たりではいくらなのか、それを類似団体と比較してどうなのかといった分析を加えないと評価できないからです。様々な指標の組み合わせや他自治体との比較を行って初めて当該自治体の財務状況が明らかになるのです。さらに、この財務分析を、目的別や性質別にみることによって、どこの部署のどの補助金にコストがかかっている等が明らかになります。やみくもに行政経営改革を行うのではなく、当該自治体の何が問題なのかを明らかにした上で、補助金等を見直すことが肝要です。

　続いて、「財務分析」と並んで重要なのが「業務の棚卸し」です。「業務量調査」と呼んでいる自治体もあります。つまり、どんな事務事業を行っているのか、その事務事業は誰がどのくらいの時間やコストをかけて行っているのかを一つ一つ洗い出していく作業です。いわゆる人工です。さらに、その事務事業は、義務的なのか裁量的なのか、あるいはその財源は特定財源なのか一般財源なのか等を正確に把握していくことが重要です。この時点で、その事務事業は正規職員が行うのか臨時職員（会計年度任用職員）が行うのか、はたまたアウトソーシングやRPA化の可否など、のちに事務事業の見直しの際に判断が必要な材料はほぼ明らかになります。残業時間などとも組み併せて行えば、残業の偏在なども明らかになります。

３）事務事業の見直し…「財務分析」や「業務の棚卸し」を行った結果を踏まえ、具体的な事務事業の見直しを行っていきます。すなわち、この時点で、無駄なもの、歴史的使命を終えたもの、優先度が低いといった事業は廃止、類似のものや重複する事業は統合したり、主体の変更（行政から民間へ）、拡充や新規創設なども検討します。事務事業の見直しにあたっては、その精度に注意が必要です。なぜならば、例えば「社会福祉協議会補助金」であれば、「社会福祉協議会」全体で良し悪しは判断できません。細かく、その中の「○○サロン活動」、「○○見守り活動」ごとに、さらには「Ａ地区、Ｂ地区…」といったごとに分解して実態を見ていかないとその適正性は評価できないからです。私はこれを「セグメント別補助金見直し」と呼んでいます。

また、見直しは、補助金・委託費・負担金等の歳出別や使用料・手数料等の歳入別など性質別に区分し、見ていくことが重要です。一度に見直しが実施出来ない場合は、毎年度、テーマを決めて実施していくことも一手です。

４）具体的な改善…上記までの作業が済めば、次に具体的に既存制度の見直しや民間活力の導入等を検討します。補助金・委託費・負担金等であれば、要綱の廃止や改正を行います。使用料・手数料等であれば料金の改定や減免措置の改正を行います。業務の改善であれば、RPA化やデジタル化を検討します。また、民間へのアウトソーシングや公共施設へのPFIや指定管理者制度導入もこの時点で検討されるべきです。

　アウトソーシングにあたっては、業務の棚卸しを踏まえ、正規職員や会計年度任用職員さらには民間事業者の役割分担を明確にしたうえで導入する必要があります。公共施設のマネジメントについては各所管課がバラバラに行っている自治体が見受けられますが、行政経営全体の流れの中で検討すべきものです。ただ民間活力を導入すれば、安上がりになるといった間違った解釈や本来、委託で行うべき事業を指定管理者制度で行っているなど誤った運用も見られるので、どの事業あるいはどの公共施設の運営を民間が担うのが適切なのかをよく検討する必要があります。

５）定期的なモニタリング（行政評価・監査）…最後に定期的なモニタリング（行政評価・監査）です。行政経営改革は一度行ったら終わりではありません。常に、定期的に政策（施策、事務事業）を評価・モニタリングしていくことが重要です。監査は最終手段として重要です。行革には法的強制力はありませんが、監査には是正・勧告権があるからです。極めて不適切な補助金等の運用に関しては監査委員から指摘することが必要です。しかし、限られた人数の監査委員だけでは、上記に述べてきたような膨大な作業を担うことは不可能であることから、監査業務を委託する方法もあります。いわゆる外部監査の実施です。テーマや対象団体等を選定して行うのに適しています。政策評価においても、行政職員による内部評価のみならず、第三者を入れた外部評価を行っていくことが望ましいです。内部評価は必須ですが、内部評価だ

けだと形骸化し、事務事業見直し同様、しがらみのある政策を厳しく評価できない等の弊害があるからです。公正中立な立場である外部の専門家達による客観的・合理的な評価の仕組みを整えるのが望ましいと考えます。

参考文献

※平石正美「行政改革とNPMの論理と展開」『日本の公共経営—新しい行政—』（北樹出版，2014）
※一般社団法人地方公会計研究センター「平成28年度地方公会計からみた地方財政の実態分析」（2020）

第3章

総合計画と行政評価

滋賀大学　横山幸司

はじめに

　第2章で述べましたように、行政経営改革は総合計画の策定から始まっています。ところが、そういう意識を持っていない自治体も多く見受けられます。後述しますが、総務省の調査でも総合計画と行政評価がリンクしていない自治体が多くあることが明らかになっています。

　しかし、行政評価とは総合計画に掲げられている政策の進捗状況をチェックすることですし、そもそも総合計画の策定とは、それまでの政策（施策・事務事業）の棚卸しならびに評価・検証を行い、目的を達した施策・事務事業はスクラップし、新たに必要な施策・事務事業を立案することに他なりません。この作業こそ行革そのもののはずですが、実際には、政策（施策・事務事業）を精査することもなく、各課から政策（施策・事務事業）を提出し、それを取りまとめただけで終わっている例も少なくありません。その程度の総合計画なので、その後のフォローもなく、作ったらお終いで、あとは次の策定まで、開かれることもなく埃をかぶったままという話もよく聞きます。これでは、総合計画を策定する意味が全くありません。総合計画は自治体運営の根幹となる方針であり、非常に大事なものです。そこで、本章では、改めて、総合計画とは何かといったことから、それを評価・検証する手段としての行政評価のあり方について、述べていきたいと思います。

総合計画の沿革

　総合計画は、1969年の地方自治法改正により、第2条第4項「市町村は、その事務を処理するに当たっては、議会の議決を経てその地域における総合的かつ計画的な行政の運営を図るための基本構想を定め、これに即して行うようにしなければならない。」と定められたことに端を発し、それ以降、ほ

とんどの地方自治体において総合計画を策定することが当然となりました。しかし、お気づきのとおり、ここで義務付けられたのは「基本構想」であり、「基本計画」や「実施計画」までは言及されていません。また、対象は市町村であり、都道府県には及んでいません。しかし、今日、都道府県においても総合計画を策定することは当然のこととなっていますし、「基本構想」と「基本計画」はセットで「総合計画」としている自治体がほとんどです。

　しかし、その後、地方分権の高まりを受けて、地方自治法の一部を改正する法律（平成23年法律第35号）が平成23年5月2日公布、平成23年8月1日に施行され、この地方自治法第2条第4項が削除されました。

　しかし、法的な義務がなくなっても、ほとんどの自治体で総合計画は策定されていますし、公布と同日付の総務大臣通知（総行行第57号総行市第51号平成23年5月2日）により、「なお、改正法の施行後も、法第96条第2項の規定に基づき、個々の市町村がその自主的な判断により、引き続き現行の基本構想について議会の議決を経て策定することは可能であること。」とされたため、今日、総合計画を策定する根拠や議会の議決の根拠として、「自治基本条例」や「議会の議決すべき事件に関する条例」を制定している地方自治体も少なくありません。これらの状況についてはまた詳しく後述します。

総合計画とは何か、その意義

　さて、以上のような経緯で策定されてきた地方自治体の総合計画ですが、そもそも総合計画とは何でしょうか。

　福島県郡山市の公式ウェブサイトでは次のとおり解説されていました。「総合計画とは、地方自治体における行政運営の最上位計画であり、住民全体で共有する自治体の将来目標や施策を示し、全ての住民や事業者、行政が行動するための基本的な指針となるものです。

　行政運営の目的と手段を明確にするため、通常、『基本構想』、『基本計画』、

『実施計画』の３層で構成され、それぞれ次のような役割を持っています。

『基本構想』：将来目標や目標達成のための基本施策を表します。

『基本計画』：基本構想に基づき、各部門における基本施策の内容を体系的に表します。

『実施計画』：基本計画で定める施策を計画的に実施するために必要な具体的事業を表します。」

　端的に言えばこの通りだと思います。もう少し私なりに細かく見ていきたいと思います。

　私は、総合計画には次の三つの側面（意義）があると考えています。①行政の最上位計画としての計画、②経営体としての自治体の経営戦略、③住民等も含めたまちづくりの指針の三つです。

　一つ目の「行政の最上位計画としての計画」とは、行政には各政策分野に無数の行政計画がありますが、その一番上位に位置し、当該自治体の運営いわば“まちづくり”の基本的考え方を示す計画と言えます。この基本的な考え方が無ければ、行政の各部署がバラバラの方向で自治体の運営を進めることになってしまい、秩序的かつ効率的・効果的な政策は実施できません。

　実際、私も多くの自治体で行革や市民協働の政策に関わる機会が多いのですが、行政の縦割りには閉口する場面が少なくありません。行革や協働といった分野はどの部署でも行わなければいけない取組であるにもかかわらず、自分たちには関係がないといった顔をしている部署が少なくありません。これは当該自治体内で行革や協働の基本的考え方が共有されていない証拠です。行革や協働の分野に限らず、あらゆる政策は、効率的・効果的に実施するためには、まず庁内で連携・協働できる余地はないか、重複はないか、情報が共有されているか等を常に確認することが重要です。その拠り所となるものが総合計画のはずです。しかし、残念ながら、常日頃からそういう取組をされている自治体は少ないと思います。でなければ、総合計画が埃をかぶったままであることはないはずです。

　だからこそ、少なくとも、数年に一度の総合計画策定の時には、全庁的に

考え方を整理し、各政策を洗い出し、施策・事務事業のスクラップ＆ビルドを行っていただきたいと思います。この際には、増加し続ける各種行政計画の統廃合も是非、検討していただきたいと思います。2022年6月に閣議決定された「経済財政運営と改革の基本方針（骨太の方針）」中「第4章 中長期の経済財政運営　4．国と地方の新たな役割分担」では、「…国が地方自治体に対し、法令上新たな計画等の策定の義務付け・枠付けを定める場合には、累次の勧告等に基づき、必要最小限のものとすることに加え、努力義務やできる規定、通知等によるものについても、地方の自主性及び自立性を確保する観点から、できる限り新設しないようにするとともに、真に必要な場合でも、計画等の内容や手続は、各団体の判断にできる限り委ねることを原則とする。併せて、計画等は、特段の支障がない限り、策定済みの計画等との統合や他団体との共同策定を可能とすることを原則とする。…」とあります。これは国から地方自治体への要請ですが、その本質は地方自治体内でも同じです。地方自治体内でも、ただ惰性的に改定しているような行政計画は見直しをするべきです。

　しかし、このことは必要な計画や方針を不要としたり、弱体化させることではありません。統合したほうが、効果的なものを統合するという意味です。例えば、総合計画内に全庁的な協働計画や行革大綱を統合することも一例かと思います。

　併せて、付随する審議会や委員会等も統廃合を検討すべきと考えます。委員数も少数精鋭にすべきです。ただ団体の充て職の人ばかりを集めたパフォーマンス的なアリバイ作りのためのような委員会は無意味です。

　また、総合計画を別の側面から見れば、総合計画はロジックツリーでなければなりません。ロジックツリーとは、ある事象間をロジックによってツリー状に展開していく手法を指します。結果に対してその原因を掘り下げていく、もしくはある目的を実現するための手段を具体化していくという手法です。

　総合計画で言えば、まず基本構想（例えば「誰もが安心して住めるまちづくり」）があり、その基本構想を具体化するための手段が政策（「防災・防犯

の充実」)です。さらにその政策を具体化するための手段が施策(「防犯活動の促進」)であり、施策を具体化する手段が事務事業(「防犯カメラの設置補助」)となります。

　皆さんの自治体の総合計画は、このようなロジックツリーになっていますでしょうか?

　論理的な展開のうえに、政策が立案されていますでしょうか?　基本構想が、ただのキャッチフレーズになっていたり、ただ、事務事業を寄せ集めたものを施策としていたりする例も見受けますが、本末転倒と言わざるを得ません。政策は論理的でなければなりません。政策立案の考え方についてはまた後の章で詳述しますが、まずは、総合計画がロジックツリーになっているかどうかといった点から見直して頂きたいと思います。

　二つ目は、「経営体としての自治体の経営戦略」としての意義です。NPMという概念が普及して以来、民間企業の原理を行政に導入し、「管理から経営へ」だとか「顧客至上主義」あるいは、経営管理論における「PDCAサイクル」(Plan(計画)→Do(実施)→Check(評価)→Action(改善))に総合計画や行政評価を当てはめる動きが少なくありません。

　しかし、そもそも利潤の追求を目的とする企業と利潤ではなく住民の福祉の増進を図ることを目的とする行政とは根本的に異なるのですから、どちらが正しいということではなく、行政活動のすべてを企業原理で考えることには無理があります。

　しかし、自治体も組織であり、そこに人や予算がある以上、経営(マネジメント)が必要であることには違いがありません。そういう面から考えると、総合計画は、「管理計画」の側面だけではなく「経営戦略」の意味を持つことになります。単に政策を集めた計画というだけではなく、その政策を実施するために、限られた人員と予算をいかに効率的・効果的にマネジメントしていくかが問われます。人事や組織編成、予算の適正配分など、これまでの行政のただ管理する人事や財政査定ではなく、自治体を経営体として捉え、戦略的なマネジメントを行っていくことが重要です。総合計画はそうした観

点から中長期的な経営戦略の方針でもあるということです。

　三つめは、「住民等も含めたまちづくりの指針」という意義です。自治体経営すなわち"まちづくり"は行政だけで行えるものではありません。いくら行政側がいろんな政策を打とうとしても、住民が協力しなければ政策は実行できません。また、第1章で述べましたように、これからの公共政策は行政だけで担えるものではありません。あらゆる政策分野において、行政と民との協働が不可欠となってきています。住民に率先して活動していただく機会も多くなってきています。そうした時に、そのまちがどのような方向性を持って、まちづくりをしていくのか、その方針が明らかでなければ住民たちも困ってしまいます。行政と民がまったく違う方向を向いていたならば、まちづくりも進まないでしょう。そのためにも、総合計画を策定する必要があります。総合計画は行政だけの指針ではなく、住民たちも含めたその"まちの方針"ということです。

　なお、後述しますが、総合計画の政策について「公共私」の役割分担の表記や、地域別に「地域計画」を定める例もあります。これらは、まさに「住民等も含めたまちづくりの指針」としての総合計画の側面を強く打ち出したものと言えましょう。

総合計画の策定状況

　地方自治体の総合計画の策定状況については、近年、国では調査が行われていないため、平成28年9月に公益財団法人日本生産性本部が発表した「基礎的自治体の総合計画に関する実態調査」調査結果報告書を参考にさせていただきます。当法人では、平成28年2月末現在の状況について、全国の813の市区と745の町を対象にアンケート調査を行いました。回収率が60.3％です。村は対象に含まれていません。

　当調査において「計画期間中の総合計画がある」と答えた団体は98.3％で

あり、「ない」と答えた団体は1.7%でした。さらに、「今後も策定する予定である」と答えた団体は91.1%であり、「策定しない」「どうかわからない」と答えた団体は合わせて8.5%でした。

　このことからも、法的義務はなくなったにもかかわらず、ほとんどの基礎的自治体では現在、総合計画を策定しており、今後も策定していく予定であることが分かります。

　また、総合計画策定の根拠としては、「自治基本条例」を根拠にしている団体が18%、「総合計画条例」を根拠にしている団体が12.8%、「議決すべき事件を定める条例」を根拠にしている団体が34.1%、「その他の条例」が6.4%となっています。「根拠はない」と答えている団体も22.3%あり、法的根拠があろうとなかろうと総合計画を策定することはほとんどの自治体で当然のことと認識されていると言えましょう。

　策定状況の概況は以上のとおりですが、当調査では、他にも、「基本構想、基本計画、実施計画、地区別計画」のいわゆる3層構造の有無や定性的あるいは数値目標の有無、各主体の役割分担の有無、予算との関係など、興味深い調査を行っていますので、これらの項目については、次節で私の見解も交えながらご紹介していきたいと思います。

よくあるQ&A

　それでは、次に、総合計画策定にあたり、よくいただく質問とそれに対する私の見解を述べていきたいと思います。

　①総合計画は作らないといけないか？→前述のとおり、当然作るべきです。

　②適切な計画期間は？→5年〜10年の設定が多いですが、社会の変化が激しい現代においては、不断の見直しが不可欠です。5年〜10年の計画期間にしたとしても、毎年度の評価・検証の結果、変更すべき点は改定をしていくことを妨げるものではないと考えます。中には、首長の任期と一致させ

る自治体もあります。この点については、前述の日本生産性本部の調査に「総合計画と首長の任期の関係」についての項目があり、7.4％の団体が「年限が一致している」と答えています。一つの考え方としては否定するものではないと思います。ただし、行政は政治とは関係なく継続して行わなければならない事業も多くあることは事実であり、時の首長に忖度するような意味であってはいけません。

　③組織や人事、財政とリンクしていない。→この点については、日本生産性本部の調査に「総合計画に予算が含まれているか」という項目があり、「含まれている」と答えた団体が40.4％、「含まれていない」が58.0％となっており、予算とリンクしていない自治体が6割近くあることが分かります。また、「総合計画の体系と部局、課、係などの組織との関係」については、「完全に一致している」「ほぼ一致している」を合わせて、60.9％となっていますが、一方で「ほぼ一致していない」「関係は特に考えていない」が合わせて35.8％ともあり、組織や人事に反映されていない自治体も多いと推察されます。やはり、総合計画に比例した人事や財政が行われる仕組みが必要と考えます。そうでないと、総合計画がお題目で終わってしまうからです。

　④数値目標は載せるべきか？→結論から申し上げますと、必ずしも数値目標である必要はありませんが、その施策が何をもって成果とするかは当然明らかにしておくべきです。この点についても、日本生産性本部の調査に「定性的な目標が設定されているか」という項目があり、「設定されている」と答えた団体は90.8％あります。また、「数値目標が設定されているか」という項目については、定性的な目標よりやや下がるものの、75.9％の団体が「設定されている」と答えており、何らかの成果目標を設定していることが分かります。私の経験上でも、ほとんどの施策・事務事業は数値目標の設定が可能と考えます。ただし、この数値目標の設定の仕方が適切でない場合が多いので、このことについては詳しく後述します。

　⑤各主体（公共私）の役割分担や責務を載せるべきか？→第1章で述べましたように、これからの公共政策は行政だけでなく、公共私の役割分担によっ

て担われることから、各主体（公共私）の役割分担や責務は可能な限り、記載すべきと考えます。今後は記載が増えていくのではないでしょうか。それを裏付けるように、日本生産性本部の調査に「各主体の役割が記載されているか」という項目があり、35.3％の団体が「設定されている」と答えています。

　⑥地域ごとの計画を策定するべきか？→私の記憶では、平成の市町村合併直後の頃は、地域別の計画を策定する自治体が多く出現したように思います。多分に市町村合併の激変緩和策の意味も大きかったのだと思います。しかし、近年は、地域別計画を策定する団体は少ないように感じます。先の日本生産性本部の調査でも「地区別計画」を策定している団体は8.8％しかありません。しかし、現在、人口減少社会の到来により、よりきめ細かいコミュニティ政策を展開していくためには、平成の市町村合併時の頃とは違った意味で、「地区別計画」は必要になってくるかもしれません。その場合の「地区」も旧市町村単位とか従来の自治会連合会単位等ではなく、新たに再編した後のコミュニティ単位が望ましいかと思います。

　⑦総合計画と行政評価がリンクしていない。→この点についても、日本生産性本部の調査に「総合計画の評価をしているか」という項目があり、「評価をしている」と答えた団体は61.6％あるものの、36.7％の団体が「評価をしていない」と答えています。再三述べているとおり、行政評価とは総合計画にまとめられている政策（施策・事務事業）の評価・検証に他ならず、この二つがリンクしていないということは全くそれぞれが形骸化している典型的な悪しき例です。

　自治体からは行政評価の仕方が分からない、成果指標の設定の仕方が分からないという相談もよく寄せられますので、次節では、行政評価について解説していくこととします。

行政評価の沿革

　我が国で、行政評価が具体的に始まったのは、1996年の三重県における「事務事業評価システム」と言われています。国に先んじて地方から始まったという点は特筆すべきことかと思います。

　その後、「行政機関が行う政策の評価に関する法律」いわゆる「政策評価法」が2002年から施行となり、国でも政策評価制度が始まり、今日に至っていますが、地方自治体は対象外となっています。

　地方分権の精神からすれば、地方自治体の行政評価は地方自らが考え実行することは当然のことと思いますが、残念ながら、地方自治体によっては法的な義務がないため、行政評価が行われていないなど、行革全般同様、温度差があることも事実です。また、行政評価を行っているという自治体においても、そのやり方は様々で、かなり問題のある手法も見受けられます。

　そこで、本稿では、行政評価とは何かといったことから、成果指標の設定の仕方までをご紹介していきたいと思います。

行政評価とは何か

　まず、行政評価とは何かですが、言葉の定義として、前述の総合計画の政策体系に比例して、大きな単位から「政策評価」「施策評価」「事務事業評価」に分けられます。その総称を「行政評価」と呼びます。各自治体がどの単位のレベルで評価を行うかによって、言葉遣いも違ってきます。

　また、行政評価には切り口によって、様々な分類があります。代表的なものを3つ挙げます。

　1つ目に、時点別に分類すると、「事前評価」「事中評価」「事後評価」があります。地方自治体では「事後評価」がほとんどだと思います。

2つ目に、評価者別に分類すると、「内部評価」「外部評価」があります。「内部評価」は職員で行うもので必須です。「外部評価」は外部の専門家等によるものですが、導入していない自治体も多いです。私は外部評価も必須とすべきと考えます。内部評価だけだとお手盛りになってしまう可能性があるからです。ただし、外部評価を導入する場合は、きちんと政策を評価できる評価者の人選が重要です。

　3つ目に、数値で測るか否かで分類する「定性的評価」「定量的評価」です。地方自治体の現場では、定量的評価がだいぶ普及しているものの、その指標の設定の仕方に課題を感じている自治体が多いことも明らかになっています。

行政評価の導入状況

　行政評価の導入状況については、直近では平成29年6月に公表された総務省の「地方公共団体における行政評価の取組状況等に関する調査結果」を参考に見ていきましょう。

　都道府県、指定都市、市区町村の全団体において「導入済」と答えた割合は61.4％となっています。しかし、その中で「町村」は38.9％となっており、規模が小さい自治体では導入が進んでいない実態が分かります。

　また、「過去に実施していたが廃止した」団体は「行政評価を導入していない団体」中12.2％もあり、行政評価に対する正しい知識や手法の不足、様式等が煩雑化して、職員の負担が大きいといった事情が推察されます。

　また、前述の「外部評価」の導入状況については、「内部評価」「外部評価」ともに実施している団体の割合が46.5％とあり、徐々に「外部評価」を実施する団体が増えていることが窺えます。

　また、「評価指標（定量的な評価指標）」の導入状況については、87.3％の団体が「あり」と答えており、多くの自治体で、「評価指標（定量的な評価指標）」の導入が進んでいることが分かります。

一方、別の調査項目である「行政評価の課題」では、「行政評価事務の効率化」（79.5％）と並んで「評価指標の設定」と答えた団体が78.5％と他の理由より群を抜いて高く、多くの自治体で、行政評価事務そのものが負担となっていることや、成果指標の設定の仕方に悩みを抱えている実態が分かります。この点については、行政評価を難しく考えすぎていることや、指標設定の方法を知らないといった理由によるものが大きいと思われますので、後ほど、指標設定の考え方について解説していきたいと思います。

　この調査で私が少し安心しましたのは、「成果」として「成果の観点で施策や事業が検討された（78.3％）「事務事業の廃止、予算削減につながった」（53.9％）等、行革につながっている割合が比較的多く見られたことです。しかし、一方で、「課題」のほうでは、「予算編成等への活用」が71.3％もあり、まだまだ予算等への反映、すなわち行政評価の実効性が弱いことを表しているようにも思います。

評価指標とは何か

　評価指標とは何かと問われたら、私は一言で言えば、「自分たちの仕事がどのくらい達成できたか」を表すことだけと答えます。難しい専門家の話や教科書を読みすぎて、かえって混乱している自治体職員が少なくありません。私の解説を読んでいただければ評価指標は決して難しいものではないとご理解いただけると思います。

　評価指標には、教科書的には、インプット指標（投入指標）→アウトプット指標（活動指標）→アウトカム指標（成果指標）があります。

　もう少し詳しく述べますと、インプット指標（投入指標）とは行政活動を実施するために投入した量のことです。例えば、予算額、事業費、従事した人員数、総労働時間等のことです。次に、アウトプット指標（活動指標）とは、上記の予算等行政資源を投入して実施した行政活動の量のことです。例えば、道路整備延長距離数、生涯学習講座の実施回数等のことです。最後にアウト

カム指標（成果指標）とは行政活動の結果、実現した成果の量のことです。例えば、道路整備であれば渋滞緩和、生涯学習であれば受講者の習熟度等のことです。

　各種政策は、最後のアウトカムを目標に実施されています。ですから、最終的に設定するのは、アウトカム指標です。しかし、アウトカム指標の設定が難しいような場合はアウトプット指標を行政評価の指標としている自治体も少なくありません。その区別が分かって指標を導入しているのであればいいのですが、問題はこれらの指標が全く混同して使用されている自治体も多く見受けられ、これが行政評価を分かりにくくしています。そこで、次節では、私がある自治体で行った行政評価指標の見直しの結果、類型化した問題点とその処方箋について解説します。

評価指標見直しの例

　よく見られる誤った例としては大きく３点があります。

　１つ目は、「アウトプットとアウトカムの混同」です。ある課題の解決がアウトカム、そのために会議を何回開催したかはアウトプットです。本来、何回会議したかが成果目標（指標）ではなく、その課題がどのくらい解決されたかを成果目標（指標）とするべきです。

　２つ目は、「積算根拠が不明」というものです。その内容も３つほどのパターンに分類できます。

　①分母（対象数）が明確でないケースです。例えば、「500人参加を目標（（指標）とする」とある場合、対象数が1000人であれば５割達成が目標と分かりますが、ただ500人としても意味が分からないといったケースです。

　②目標（到達点）が明確でないケースです。

　例えば、「○○を10㎢整備する」といった場合、全体で100㎢整備する予定なので、今年度はそのうちの10％を整備するという目標（指標）であれば意

味が分かりますが、最終目標（到達点）が明確でないと10㎢の意味が分かりません。

　③国や県の基準、他自治体と比較して適切なのかといったケースです。例えば、「わが町は○○％を目指します」とあっても、その水準に根拠があるのか、国や県の基準や類似団体等と比較して適切かを確認する必要があるというケースです。

　他にも、ご参考までに紹介しますと、京都市役所では「客観指標の設定マニュアル」という指針を策定して各課に示しています。具体的には、目標値の設定の考え方として次の４つを示しています。①既存計画に基づいて、算出する目標値。例えば、「防災計画」防火水槽及び防火井戸整備数、②トレンド（すう勢値）による目標値。例えば、配食サービスによる年間配食数、③財政状況や市民ニーズを踏まえて設定する目標値。例えば、消費生活相談解決率（％）、④外的要因を踏まえた目標値。例えば、老人クラブ会員数（数）といった具合です。

　いずれにしても、ただ数値をあげるのではなく、根拠のある数値を設定してくださいという考え方の例だと思います。

　３つ目は、「単位が適切でない」というものです。例えば、回数で表すのが適切なのか、参加者数で表すのが適切なのか、あるいは率（割合）で表すのが適切なのか、進捗度（達成度）で表すことが適切な場合もあります。これらのどの単位を使うかは、その事業の内容を一番表現できる単位を使うべきです。例えば、「点検を１回する」とあっても、実態は１回で30か所も点検する場合「30か所を点検する」と表した方が、仕事の質や量というものが伝わります。「講座を１回開催する」も「１回＝50人参加」というように表記すれば、全く印象が変わってきますよね。

　さらに、よくある質問について二つご紹介します。一つは、「ルーティンワークでも評価指標設定が必要か」というものです。結論から述べますと、当然、必要です。先にも述べましたように、行政評価は実態を表すことが目的です。ルーティンワークであっても、どのくらいの業務量があるのか、それが効率

的に行われているか等を分かるようにする必要があるからです。

　二つ目に、「良い数値を設定できないが良いか」という質問もよくあります。評価指標は外部に良く見せるためのものではありません。現状を知ってもらうために、真実を明らかにすることが目的です。例えば、明らかに、団体数（会員数）の減少が見込まれるのに、いまだに右肩上がりの数値が記載されているような例は改めるべきです。また、予算があればここまで出来るのに予算がないのでここまでしか出来ないという事業もあるかと思います。そういう事業は正直にこの予算なのでここまでしか出来ないと表すべきなのです。

　最後に、改めて行政評価とは何かをまとめますと、私は二つの意味があると考えます。一つは、「自分たちの仕事の進捗度（達成度）を内省する意味」です。これは、誰もが認識されていると思います。しかし、もう一つあると考えます。それは「外部に向けて、どれだけの仕事をしているのかを知らせる意味」です。この意味は、行政評価によって「自分たちの仕事を批判される」というような消極的な意味ではなく、「これだけの仕事をしているんだ」という積極的な意味です。先ほどの「点検」の例です。1回で何十か所も点検している事実を外部に分かってもらう必要があります。そのためには、仕事の実態ができるだけ伝わる指標を設定すべきなのです。

　行政評価の目的は、評価指標の設定が目的ではありません。改めて数値で評価していくことによって、その事業の存在意義が浮かび上がってきます。効率・効果的でないものは方法を変えないといけないし、歴史的使命を終えたものや費用対効果が低いものはスクラップしなければいけないことが分かります。これらの改善につなげるために行政評価はあるのです。

参考文献

※公益財団法人日本生産性本部「基礎的自治体の総合計画に関する実態調査」調査結果報告書（平成28年9月）
※郡山市公式ウェブサイト「総合計画とは何ですか？」https://www.city.

koriyama.lg.jp/soshiki/21/5842.html（2022.12参照）

※内閣府「経済財政運営と改革の基本方針」（2022.6）

※総務省「地方公共団体における行政評価の取組状況等に関する調査結果」（平成29年6月）

※稲沢克祐「行政評価の導入と活用」（イマジン出版、2012）

※田中啓「自治体評価の戦略」（東洋経済新報社、2014）

※京都市総合企画局「施策評価の指標に関する手引き」（2014）

第4章

政策立案の考え方と事務事業見直し

滋賀大学　横山幸司

はじめに

　前章で総合計画と行政評価の関係について述べましたが、そもそも総合計画は、各部署における政策（施策・事務事業）の総合体ですから、いかに良い政策を立案するかが重要です。しかし、意外にも、地方自治体の現場では、そうした政策立案の考え方をしっかり学ばずに、政策が作られていることが少なくありません。

　そこで、本章では、改めて、政策立案の考え方について述べていきたいと思います。同時に、これらの考え方は、事務事業見直しの視点と言い換えても過言ではありません。事務事業の見直しとは、何も特別なことではなく、一つずつ、原点に立ち戻って、その政策は何を目的にして作られたのか、そしてその手法は適切なのか等を改めて、考えていく作業に他ならないからです。

政策とは何か

　はじめに、そもそも政策、固く言えば公共政策とは何かを見ていきましょう。小野達也氏は公共政策を「公共性を有する地域の課題に対応するための目的・目標を実現するための手段として、各種の資源を組み合わせて実行しようとする活動のまとまりであり、案の段階からその実施を通じて地域に効果を及ぼす過程までを含む」と定義されています。また、足立幸男氏は、「純然たる私事および特定諸団体に固有の事柄から区別される公共的諸問題に対処するための政策すなわち行為戦略であり、公共政策のうち政府の行為指針として正式に採用され実施されるに至ったものを『政府政策』と呼ぶ」と定義されています。

　私なりに平たく言えば、政策とは、「地域の公共的課題を解決するための

処方箋」だと思っています。このことを分かりやすく説明しますと、例えば、地域には、現状として「解決すべき課題」があります。それらは当然ながら放置しておいてよい問題ではなく、課題を解決した先の「目指すべき姿（地域）」があるはずです。その「地域の現状と課題」と「目指すべき姿（地域）」の間には、様々な障壁、ハードル、ネック、問題があります。それらを、少しでも取り除いて、その間のギャップを埋めていくこと。その方策こそが、「政策」だと私は考えます。分かりやすい例を述べますと、交通事故が多い地域があるとします。これがまず地域の課題です。この場合、目指すべき姿は交通事故がゼロの地域です。そのために講じる、ガードレールの設置や、道路改良、速度違反自動取締装置の設置などが具体的な政策（施策・事務事業）というわけです。

政策の要素

　それでは、政策立案の考え方について見ていきましょう。政策を立案する際には、「政策の要素」「財務の要素」「政策決定のプロセスの明確化」が重要です。はじめに、この節では、「政策の要素」について述べていきたいと思います。「政策の要素」については、大きく次の7点があると考えます。
　一点目は、「パーパス（Purpose）」です。「何のために、この施策を行うのか？」「何を解決したいのか？」「目指すべき社会は何か？」といった視点です。この「目的」が、政策立案の際に最も重要な視点です。私が自治体で「事務事業見直し」等を実施すると、何を目的に作られたかが不明な事業が少なくありません。自治体職員に尋ねると「何代か前の首長が作れと言ったから」という理由が返ってくる場合がありますが、それは理由になりません。その何代か前の首長も理由があって作れと命じたのでしょうが、いま現在、目的が分からなくなっているものはやめるべきです。あるいは首長や議員から要請があったとしても、それが公共の目的にそぐわず、一部の支持者たちの利

益のためのものであるならば、公共政策として成立しません。

　二点目は、「ゴール（Goal）」です。「目標地点はどこか？」「いつまでに達成するのか？」「どこまで行けば成功と言えるのか？」といった視点です。この視点も一点目の「目的」と並んで、不明な政策が少なくありません。ただ、やみくもに政策を実施しているケースです。どんな政策であっても「ゴール（Goal）」がなければいけません。特に補助金等は終期を設けて検証すべきです。またルーティン的な業務であっても、一定の終期を設け、定期的に「効率的・効果的に実施されているか？」「その手法は適切なのか？」等を検証する必要があります。そして、この「ゴール（Goal）」こそが、前章で述べた「行政評価」のうちの「アウトカム指標」に相当してくるものです。「ゴール（Goal）」が無ければ、「行政評価指標」も設定できません。

　三点目は、「マーケット（Market）」です。「地域の課題（ニーズ）は何か？」「何に困っているのか？」「それは公共として取り組むべき課題か？」といった視点です。先に述べたように、政策とは「地域の公共的課題を解決するための処方箋」だとすれば、この「マーケット（Market）」が明らかでなくては、政策を立案しようがありません。考えてみてください。民間企業だったら、「マーケット（Market）」も検証せずに商品を開発するでしょうか？　そんな無謀な企業はすぐ潰れてしまうのではないでしょうか？　しかし、地方自治体では、この検証なしに政策が作られているケースが少なくありません。まず、「マーケット（Market）」＝「地域の現状と課題（ニーズ）」を把握することが重要です。

　四点目は、「ターゲット（Target）」です。「誰のために取り組むのか？」「どこの層を対象にするのか？」「特定の人、地域や団体の利益になっていないか？」といった視点です。この視点も先に述べてきた視点と同時に、きちんと設定されずに政策が立案されている例が少なくありません。例えば、対象者も設定せずに、誰か手を挙げてくれればいいだろうと行き当たりばったりの補助金制度をつくるような例です。政策というものには必ず対象者があるはずです。そして、これが「行政評価指標」を設定する際の「分母」になる

部分です。当該自治体内に対象となる人が何人いて、そのうち何割の人に補助するかという設定がなければ、政策も成りたたず、評価検証も出来ません。

　五点目は、「ハウ（How）」です。「どうやって課題を解決するのか？」「具体的な施策・事業は何か？」「その方法は適切か？」といった視点です。何度も言うように、政策とは「地域の公共的課題を解決するための処方箋」だとすれば、まさしく、この部分が、各政策になってきます。現在、実施されている、あるいはこれから作ろうとされている政策・施策・事務事業は、当該課題を解決する処方箋になっていますでしょうか？　病気の現状に合わない薬をいくら投与しても病気は治癒されないことと同じように、課題解決に適した政策を打っていく必要があります。そして、この部分が、「行政評価」でいう「アウトプット指標」に相当してきます。

　六点目は、「ポジション（Position）」です。「行政（市民、企業）はどんな役割を担うのか？」「行政（市民、企業）はどの領域を担うのか？」といった視点です。再三述べてきましたように、これからの公共政策は、行政だけで担えるものではありません。これは、行政が役割を放棄するという意味ではなく、それぞれの持ち場を担って頂くために、市民や地域の足腰を強くし、協働で行う分野を支援・フォローしていかないといけません。多くの補助金等の制度はこのためにあります。しかし、多くの自治体では、この公共私の役割分担の整理なしに、補助金等が作られている例が少なくありません。まずは、行政、市民（地域）が公共政策のうちのどの部分を担うのか、協働で行う部分はどこなのかを明らかにしたうえで、政策を立案する必要があります。

　最後に、「リテラシー（Literacy）」です。「その施策を行っていくだけのリテラシーはあるのか？」「その施策を行っていくだけの環境は整っているか？」「研修は十分か？」「民間活力導入は十分か？」といった視点です。これまで述べてきた6点の視点を経て、政策を立案しても、それを実施する「リテラシー（Literacy）」がなければ政策は実現化できません。「リテラシー（Literacy）」とは、政策を実施するにあたって必要な専門性などの能力、情報システムなどを駆使する技術力ならびにその環境整備も含みます。これら

の「リテラシー (Literacy)」を備えるためには、職員研修などの「人材育成」が必要ですし、情報システム等においては「RPA化」や「DXの推進」も必須です。また、行政職員だけで担えないような高度な専門分野においては、アウトソーシングなど「民間活力の導入」も視野に入ってきます。また、これらの「リテラシー (Literacy)」向上は、先に述べたように、これからの公共政策が公共私の役割分担によって担っていくことを前提とするならば、市民や地域の団体の「人材育成」や「DXの推進」も併せて行っていく必要があります。

財務の要素

　政策を立案するうえで、表裏一体で考えなくてはいけないのが、予算です。本来、予算が伴わない政策はあり得ません。職員を無償で働かせて予算がかかっていないので良いことだとする風潮のある自治体はおかしいのです。逆に、首長のマニフェストを根拠に湯水のごとく予算を投入してイベントの開催やハコモノの建設等を行っている自治体があったりしますが、これももってのほかというべきです。

　すべての政策は、費用対効果 (Value for Money) を考えて立案しなくてはなりません。すなわち、「その施策にそれだけの予算を投入する価値があるのか？」「それだけの予算を投入して、効果が上がっているのか？」等の視点を持つことが重要です。また、その際も常にハード・ソフト両面から検討する必要があります。例えば、社会教育政策の有効性を考えるとき、公民館等ハードを管理運営していくコストと、そこで行われる講座等事業のソフトのコスト、両方を見ないと、正しく社会教育政策の費用対効果を検討することはできません。

　また、自治体職員にありがちな傾向として、市民や地域から要望があっても、「お金がないから出来ない」ということで思考停止になっている例をよ

く見聞きしますが、予算に余裕がある自治体などほとんどありません。限られた予算の中で、いかにやり繰りするかが、自治体の財政運営です。当然ながら、限られた予算なので、優先度等あらゆる見地から検討して施策・事務事業のスクラップ＆ビルド、予算の適正配分等を行っていかなくては、新しい事業費は捻出できません。だからこそ、行革は必須なのです。私の見る限り、「お金がないから出来ない」という自治体は、「行革をしていないので、市民のニーズに応えられない」というのが正しいと思います。

政策決定プロセスの明確化

　政策を立案する際に、もう一点大事な留意すべき点を述べておきます。これも、きちんと行われている自治体にとっては、当たり前のことですが、「政策決定プロセスの明確化」です。

　住民が役所に不満を感じる大きな理由の一つは、「予算を付けてくれない」ということだけではありません。「予算が限られていることは理解できるが、あの地域（団体）の要望は聞き入れられているのに、なぜ自分たちの地域（団体）の要望は後回しなのか？」といったことが多いのです。

　改めて述べるまでもありませんが、政策の発案は、通常、「執行部提案」「議員提案」「住民・団体からの要望」が主です。それぞれで発案された政策は、「審議会」等を通じて具体化され、「住民説明」や「パブリックコメント」等を経て、まず、首長をトップとする執行部内で「意思決定」されます。それで終わりではなく、さらに、議会に「議案」として諮られ、「議会の議決」によって、正式に決定されていきます。

　しかし、たいていの住民が不満を抱くケースは、誰がどこで、どういう理由で、どの地域（団体）に予算が付くことを決定したのかが不透明というケースです。声の大きい地域（団体）の要望だけを首長や議会議員が聞き入れて、合理的な根拠もなく、審議の透明性もなく、公金の支出が決定されるような

例です。

　こうした、不透明な政策決定プロセスは、最悪の場合、不祥事につながります。逆に言えば、不祥事の大半は、この不透明な政策決定プロセスにあると言っても過言ではありません。

　役所だけではなく、地域の団体においても、それは共通しています。

　従いまして、どうしてその政策の決定に至ったか、合理的な政策立案の根拠と意思決定の手続きを明確にすることが公共政策を行ううえで最も重要であると言えるでしょう。

改めて政策とは

　本節のまとめです。改めて、政策とは何かというと「地域の公共的課題を解決するための処方箋である。」と言えます。

　政策立案の要素としては「目的（Purpose）〜リテラシー（Literacy）」までの7要素があります。これらの政策立案の要素＝政策（施策・事務事業）を見直す際のポイントでもあります。

　政策立案の要素と表裏一体で重要なのは財務の要素です。財政出動する理由と積算根拠、優先度、費用対効果等を明らかにしなくてはなりません。自治体はお金がないことを言い訳にしてはいけません。たいていは予算の偏在、使途や支出の方法に問題があることの方が多いからです。

　加えて、政策立案は、その決定プロセスが明らかでなくてはなりません。言い換えるならば、誰がいつどこで決定したのか、責任の所在が明らかでなくてはなりません。たいていの不祥事は、不透明な政策決定プロセスを背景に起こるからです。

　職員の皆さんは、不当な圧力や不祥事から身を守るためにも、根拠に基づいた政策立案と決定プロセス、この基本を忘れないで頂きたいと思います。

事務事業見直しの体制・様式について

　最後に、どのような体制・様式で補助金等を見直していくのが望ましいのか、私が近年、滋賀県内外の自治体で取り組んでいる事務事業の見直しの運営・体制の例をご紹介したいと思います。大きくは三つの特色があります。

　一つ目に、事務事業の見直しは非公開で行います。非公開と言いましても、議論の内容や判定結果、理由等は後日公開します。ただ、ライブ中継で傍聴者もいるとか、そういう方法は用いないということです。そうでないと職員の本音が出ないからです。私の行う事務事業の見直しは、次に述べますように、第三者である専門家と行革(財政)担当課、当該事務事業担当課(原課)の三者で行います。原課を非難するようなことはせず、どうしたら無駄な事業をなくせるか、効率的な手法はないか等を三者一体となって考えていく場とします。このことによって建設的な事務事業の見直しが行えるのです。

　二つ目に、評価者につきましては、地方自治、法律、会計、労務などの専門家を揃えるということです。分野ごとには福祉は福祉の専門家とか、住民の代表を入れるとか、アレンジはあって良いと思います。ただ、圧倒的な専門性で判断するということが重要だということです。何故かというと素人集団が判断すると、例えば議会が反発したような時に反論が弱くなってしまうからです。しがらみのない専門家の人達が法律的な見地、会計的な見地あるいは労務的な見地から合理的に判断した時にやっぱりこれは止めるべきだろうと出された意見に対しては、それに反論するということは極めて難しいわけです。逆に言えば、そういう答えを出さないといけないということです。反論する余地がある答えを出してはいけないということです。

　三つ目に、事務事業の見直しシートはなるべく予算要求資料を流用するなどして、簡素化し、予算に直結させることです。これらは原課の負担を減らすということと、予算に直結させ、実効性を担保するという意味があります。行革と人事、予算というものが結びついていないと意味がありません。そう

いう面では予算要求シートをアレンジすることが良いかと思います。他にも総合計画の評価シート等を流用する等も考えられるでしょう。総合計画の進捗を評価する事務事業評価シートと行革のための事務事業見直しシート、さらに予算要求のためのシートをすべて1つで兼ねることを実践している自治体もあります。議会の決算審査のための「主要な施策の成果報告書」も兼ねることができましょう。このことにより、そのたびに同じようなことを書いていた職員の負担は大幅に軽減され、総合計画と行革と財政の一体化も実現できます。いずれにしてもシンプルイズベストが原則です。

　以上のような運営・体制は、「事務事業の見直し」のみならず、「補助金・負担金等の見直し」等行政経営改革の各フェーズにおいて、共通して採用できるものです。是非、ご参考にしていただきたいと思います。

参考文献

※小野達也「地域政策入門―未来に向けた地域づくり―」(ミネルヴァ書房, 2008)
※足立幸男「公共政策学とは何か」(ミネルヴァ書房, 2009)

第5章

地方公会計による財務分析
（一般会計・公営企業会計）

京都みやこ税理士法人　廣瀬浩志

はじめに

　地方公会計の歴史は比較的新しく、未だ発展途上である側面がありながら
も、地方公共団体の財政状態を正しく把握するための重要ツールとして進化
してきました。財務４表の作成・公表、基本的な財務分析は財政部局を中心
に行われるようになりましたが、残念ながら行政改革に実用されているとは
言いがたい現状です。また、公営企業会計は早くから企業会計的手法を取り
入れていますが、これもまた残念ながら独立採算経営ができず、一般会計か
らの赤字補填に頼り切っている団体が相当数あるのも事実です。

　そこで、本来の公会計および公営企業会計が持つ意味とその見方や使い方
について、財政部局だけでなくマネジメント関係部局の方にも理解を広げる
ことで、行政改革を促進させることが重要であると考えます。

　本章では行政経営改革を行うための「健康診断書」としての位置づけであ
る地方公会計による財務分析について、基礎的な内容を中心に説明したいと
思います。

地方公会計とは何か

　公会計とは「会計」なので、経済的取引事象を貨幣価値によって記録・集
計・計算・報告する行為をいいます。会計は大きく「営利会計」と「非営利
会計」にわかれ、地方公会計はこの「非営利会計」に属します。

　そして、これらの集計結果は財務書類という形で作成され、ステークホル
ダー（利害関係者）に対してその経営成績や財務状況を明らかにします。こ
こでの注意点は、これらの書類はすべて「複式簿記」によって作成されるこ
とです。取引の記帳方式には「単式簿記」と「複式簿記」がありますが、両
者の違いを簡単な例で説明します。例えば電気代1,000円を現金で支払った

としましょう。単式簿記の場合は、金銭出納帳に「電気代1,000円」とだけ記帳します。これに対して複式簿記では、それに加えてもう一つ、電気料という帳面を作って、「現金で1,000円支払い」と記帳します。このように、金銭出納だけを記帳するのが単式簿記で金銭出納に加えてその原因である電気料も記帳するのが複式簿記です。データ分析、マネジメントを行う際に複式簿記が有利であることはいうまでもありません。

地方公会計の財務書類とポイント

　財務書類のうち、「財務4表」は、その名の通り4つのシート（貸借対照表・行政コスト計算書・純資産変動計算書・資金収支計算書）で構成されています。附属明細書は財務4表の主な科目についての明細を詳しく書いた書類であり、注記表は財務4表をどのような基準で作成したかを記述したいわばルールブックであり、両書類とも財務4表をより解りやすくするための補足説明書類です。また、固定資産台帳は団体が所有する固定資産を、その取得から廃棄・売却までの経緯を網羅的に記録した台帳であり、公会計においては非常に重要な役割を持つ書類です。地方公共団体が保有する総資産のうち約90%以上を占めるのが固定資産であるため、この台帳の完成度によって貸借対照表の数値や多くのストックに関する計画が大きく影響されることになるのです。今後の活用を考えた場合、今一度見直しを行うことが重要であると思います。見直しの一例をあげると、新設道路だけでなく大規模修繕を行った場合の資本的支出に係る部分が計上されているか、開始当時の道路の耐用年数は適正か、除却処理は適切にされているか、除却処理が不可能なほど大雑把な資産登録単位となっていないか、建設仮勘定の管理が適正にされているかなど、きりがありませんが、固定資産台帳の精緻度によっては今後の政策判断が左右されるため、高い意識をもってしっかりと管理して頂きたいところです。委託業者によっては格安で請け負い、この部分で手を抜く事例も散見

されるため、職員としての事業管理能力も問われるところです。また、委託業者のレベルによる整備度の不均衡対策としては、庁内において整備基準を予め定めておくことが有効ではないでしょうか。

　続いて財務4表それぞれのポイントを説明していきます。まず貸借対照表は資産と負債と純資産とで構成され、その団体の財政状態を表します。このシートでは資産の老朽化の進捗度や資産・負債のバランス、不良債権（延滞債権）の多寡などを確認することができます。続いて行政コスト計算書は年間行政コストを性質別（人件費、物件費など）に集計したもので、年間コストの総量把握やバランスをみることができます。ただし、性質別要素に加え目的別要素（例えば観光費、道路維持費、学校給食費など）を加味した分析を行うことが今後の活用においては必要になります。純資産変動計算書は、貸借対照表の資産と負債の差額、つまり余裕部分の増減を表した書類です。このシートでは儲かっているか（行政コストが財源で賄われているか）どうかを判断することができます。ポイントは、現金支出だけでなく、減価償却費などの非資金コストも含めて財源で賄わなければ持続可能な経営ではないと言うことです。最後に資金収支計算書ですが、これは現金収支を3つの区分（業務活動、投資活動、財務活動）で表示したものです。このシートでは何にお金を使ったのか、その種類を確認することができます。理想型としては、業務活動プラス、投資活動マイナス、財務活動マイナスとなり、かつ本年度の資金収支がプラスとなることです。通常の業務で資金を生み出し、公共投資に使用し、地方債の償還を進めてもなお余剰資金が残る、ということです。

作成単位とその効果

　続いて、この財務書類の作成単位についてですが、一般会計等、全体会計、連結会計の3種類の作成を求められています。一般会計等ではその団体の中

核的な傾向を把握し、全体会計では特別会計を含めた全体的な傾向を把握し、連結会計では一組、広域連合、第3セクターをも含めた団体グループとしての傾向を把握します。

　そして、これらの財務書類を作成することによる効果は、財産債務の状況、行政コストの偏在、財源余剰・不足など、その団体の現状把握が可能になることです。これは、いわば「身体測定」に相当し、身長、体重、胸囲、握力などの特徴をつかむことが可能です。しかし、あくまで身体測定であり、「健康診断」のレベルではないことに注意が必要です。健康診断書を作成するには、より詳細な分析を行う必要があります。

地方公会計の歴史的背景と必要性

　このあたりで歴史を見てみましょう。地方公会計制度の歴史は浅く、平成18年5月に「新地方公会計制度研究会報告書」が発表されたのが、大きな流れを作り、その2ヶ月後の7月には実務研究会が発足し、平成19年6月には「地方公共団体財政健全化法」が成立し、4ヶ月後の10月には地方公会計の整備促進に関するワーキンググループが発足し、より具体的な次元へと進化しています。その後は「総務省方式改訂モデル」「基準モデル」「東京都モデル」「大阪府モデル」などといった、モデルの乱立化が生じたため、平成27年1月に「統一的な基準による」地方公会計マニュアルが発表され、現在に至っています。しかし、この流れの中には地方公会計が必要とされる大きな出来事が発生します。それは、夕張市の財政破綻です。平成19年夕張市は財政破綻し、地方自治体でありながら地方自治ができない団体、つまり財政再建団体となってしまいました。夕張市はエネルギー革命により炭鉱が閉鎖され、急激な人口減少と過剰な債務負担が生じました。観光産業への転換策も失敗し、自転車操業となり、ついには赤字の隠ぺい、粉飾工作を行うという事態に陥ってしまったのです。最盛期の人口は116,908人であったものが令

和3年2月末には7,386人となり、令和22年には3,000人を割り込む予測がされています。※

　これらの事実の発覚が遅れたのは、まさに会計制度の不備が原因であることに他なりません。財政破綻当時は歳入歳出決算書や決算統計資料はありましたが、現在のような地方公会計制度は存在せず、会計として団体の状況把握を網羅的、総合的、俯瞰的に行うことができませんでした。歳入歳出決算書や決算統計資料は会計ではなく、マネジメントに限界があるのです。

　これらの要因から、地方公会計とは財政状態を現状把握し、改善を行うための健康診断書を作成することであるといえます。財政破綻しないために（生命を繋ぐために）、的確な経営判断を行うために（効果的な治療を行うために）。

主な財務分析について

　ここからは地方公会計による財務分析になりますが、その前に地方公会計を理解するうえで最も重要な「減価償却」についての考え方を簡単に整理したいと思います。

　減価償却とは、企業会計原則における費用配分の原則によって示されており、資産の取得原価をその資産の耐用年数に応じて各年度に費用として配分することをいいます。例えば、1億円の建物を建設し耐用年数50年である場合、建設した事業年度のみに1億円の費用を計上するのではなく、1億円を50年間に亘って費用配分します。具体的には、1億円÷50年＝200万円を50年間毎年「減価償却費」として行政コスト計算書に計上します。これによって1億円というコストが1年度だけに計上されることなく、建物の使用年度に応じて期間配分されるため、毎年度のコスト計算が適正になります。

　また、減価償却には「自己金融効果」という側面があるので簡単に説明しましょう。自己金融とは、その字の通り自己で資金を生み出す、ということです。前述の例で考えると、毎年度200万円の減価償却費が行政コスト計算

書に計上されることになりますが、この200万円は他のコストと違い、現金の支出がありません。ここで純資産変動計算書を思い出してください。行政コストが減価償却費200万円のみ、現金収入である財源が200万円であると仮定すると、本年度差額はプラスマイナスゼロとなります。しかし、実際の現金収支を考えると、現金収入が200万円で現金支出が0なので、200万円の資金余剰となります。このように、減価償却費は資金を生み出す効果があるのです。現在ほとんどの自治体で過去に構築したインフラ資産等の更新費用不足が大きな社会問題となっていますが、本来は減価償却費相当額を毎年基金に積み立てておけば資金不足は発生しないのです。しかし、金額が200万円であれば簡単ですが、これが200億円になるので現実的には不可能なのです。しかし、たとえ1％でも2％でも、あるいは重要資産分だけでも積み立てておくという方向性を示すことは必要であり、現実に積み立てを条例化している自治体も多数存在します。

① 住民一人当たり固定資産額

　算式は「固定資産額/人口」となります。

　「この数値が高いほど住民サービスが手厚いことを意味し、よりよいまちづくりのため数値向上を目指しましょう!」という考え方は、時代錯誤であり、すでに過去の遺物です。人口減少が顕著で高齢化社会による社会福祉費の増大がますます進行するこれからの時代、保有資産をコンパクトにし、資産に係る維持管理費用を抑えながら限られた財源を賢く使うことが必須であるのは明白な事実です。

　この指標は主に保有資産の適正規模を判断する指標ですが、分子の固定資産額の数値に注意が必要です。本来、この指標においては、分子の固定資産額は「簿価」ではなく「取得価格」で判断する必要があり、もし「簿価」にすると老朽化による原因と混同することになり適切な判断ができなくなるからです。

　また、他の指標についても言えることですが、人口3千人未満、3千人〜

５千人未満の小規模自治体は高比率になる傾向があります。例えば、人口10万人の自治体で50億円の図書館を建設したとして、人口10分の１の１万人の自治体が金額も10分の１の５億円で建設可能かというと、単純に10分の１にはならず、おそらく10億〜20億円は最低必要なのではないでしょうか。このことから、小規模自治体の分析については注意が必要です。

② 住民一人当たり基金残高
　算式は「基金残高/人口」となります。
　基金はいわば積立金であり、これが多いに越したことはありません。特に資産更新に必要な基金が積み立てられているかが注目点であり、できるだけ地方債発行に頼らない資産更新を実現するためには毎年コツコツと減価償却費の何％かを「公共施設整備基金」などの名称で積み立てる努力が必要です。条例に制定しておくことも良い政策ではないでしょうか。

③ 住民一人当たり負債額
　算式は「負債合計/人口」となります。
　負債には、地方債・退職手当引当金・賞与引当金・未払金などがありますが、なかでも地方債は金額も大きく償還年数も長いため最も留意するものです。当然のことですが、地方債は借金なので返済していかなくてはなりません。返済期間は長いもので50年になり、借入による資金は現役世代が手に入れますが、その返済による資金の支払いは将来世代が負担することになります。現役世代の都合により将来世代の歳出が制限されることは出来るだけ避けたいところです。借金が悪だとは言いませんが、その返済額が大きくなると、予算の硬直化を招き、借金返済のために新たな借金を行うという、いわば自転車操業になる可能性を秘めています。世の中には難解な理屈をもって借金大肯定とする人がいますが、難しい理屈ではなく、一般家庭の資金繰りと同じで借金の積み重ねはやがて家庭崩壊を招くことになり、この原理原則は市町村、都道府県、国家にも通じるので、将来世代への負担先送りは極力

避けることが重要です。なお、負債額の評価は、住民一人当たりの資産額と併せて行うことが重要であり、臨時財政対策債の存在についての扱いについても考慮が必要です。

④　純資産比率

算式は「純資産額/資産合計額」となります。

この比率が高いほど経営安全率が高いと言われています。返済が必要な地方債が少ないほどこの比率は高くなるためです。ただし、単に高率であってもその原因を検証しなくてはなりません。例えば分母の資産合計額が小さくなっていることが原因で高率になっている場合は、資産の簿価が小さく、老朽化が進んでおり建替えなどの更新が進んでいない可能性があります。このような団体は近い将来に巨額の資産更新が控えており、決して安全性が高いとは言い切れません。財務分析全体に共通して言えることですが、単一の指標のみでなく複数の指標を組み合わせた分析を行うことが重要です。この場合、老朽化に関する比率（有形固定資産減価償却率）と住民一人当たり負債額との総合的判断が必要です。

また、地方公共団体の資産には、道路・橋梁・河川などのインフラ資産が含まれており、その存在は大きいものです。これらインフラ資産は市場売却になじまないもので、実質的には換金性がありません。いわば「金にならないもの」を資産から除いた「実質純資産比率」で経営安全性を判断する必要があります。この場合、少なからず比率は下がるでしょう。さらに、水道事業や下水道事業などの公営企業会計（特別会計）を合わせた「全体会計」ではさらに比率が下がり、マイナス（いわゆる債務超過）に陥る団体も多数存在します。債務超過のインパクトは大きく、公営企業の財務体質が露見します。後述しますが、一般会計よりも公営企業の経営改善が優先、重要課題であることは明白です。

⑤　有形固定資産減価償却率

算式は「減価償却累計額/償却資産取得価額」となります。

いわゆる老朽化比率のことです。土地や非償却資産以外については、購入（建築）直後から価値が減少していきますが、この価値の減少がどれだけ進んでいるのかを表す比率です。平成30年度決算の数値での全国平均値は約60％で、筆者は毎年２～５％ずつ老朽化が進行していくのではないかと推察しています。60％はあくまで平均値なので、庁舎、道路、学校施設、橋梁など、それぞれの種類ごとに、かつ個々の資産ごとに比率を管理し資産更新の優先順位を決定する必要があります。そのためには固定資産台帳に登録されている個々の資産情報が精緻であることは言うまでもありません。最近では、公会計支援業務を安値で受託し固定資産台帳の整備で手を抜く業者がいますが、これによって資産更新の判断が正確に行えなくなり、大げさな表現にはなりますが、間接的に住民の生命を危険に晒していることを厳に警告したいと思います。筆者が以前携わった事例では、前年度分の固定資産台帳を検証したところ、大規模な道路改修工事が複数ありましたが、ただの一つも資産として登録されていませんでした。現実問題として自治体職員は公会計支援業者の善し悪しを見抜くことはできません。よって、庁内独自の資産整備基準を策定し、支援業者のレベルの相違による固定資産台帳整備の不均衡を防ぎ、数年に一度は固定資産台帳の見直しを行うことをお奨めします。

⑥　住民一人当たり純経常行政コスト

算式は「純経常行政コスト/人口」となります。

行政活動にどれだけのコストがかかっているのか、低いに越したことはありませんが、他団体と比較することも有用です。各団体にはそれぞれ異なる事情があるため行政コストの種類や発生金額にも差異が生じるのは当然のことですが、そのことを理解して他団体比較を行うと、実際に考えていた想像よりも実数をみて驚いたり、他に原因が見つかったり、今まで意識しなかった事実が発見されたりするものです。さらに、それぞれの行政コストごとに（例えば住民一人当たり補助金・住民一人当たり人件費など）比較するのも

有用です。

ここで注意したいのは、減価償却費などの現金支出を伴わない発生主義による行政コストを含めることです。地方公会計制度が導入された現在も、現金支出に対する財源充当により予算収支の均衡としていますが、減価償却費を含めた行政コストに対する財源充当により余剰（純資産変動計算書の本年度差額）を生み出すことが、資産更新基金の積み立てに繋がり、発生主義導入の意味を持つことになります。

⑦　受益者負担割合

　算式は「経常収益/経常行政コスト」となります。

　住民から徴収する手数料・使用料収入が経常行政コストに占める割合を表し、行政活動の自立性を測定する指標です。全体としての数値よりも、事業別あるいは施設別に展開することで使用料手数料の見直しが具現化します。例えば、A施設にかかるコストを調査し、これに対しての使用料は適正なのか、高いのか安いのか、どの水準で設定していくのか、具体的なデータをエビデンスとした政策決定が重要です。

財政破綻懸念とコストの硬直化

　これまで各種の指標を見てきましたが、ここで一つの結論を見いだすことができます。その中でも「財政破綻懸念がある団体」と「コストの硬直化が起きている団体」です。

　「財政破綻懸念がある団体」とは、純資産比率が夕張市の35.5％を下回り、かつ実質純資産比率がマイナスあるいはそれに近い団体です。実際の自治体名は伏せますが、九州の大都市、東北部の町村などがあげられます。天災による復旧費の増大など、やむを得ない事情もありますが、ワーストの団体では、純資産比率が31.0％、実質純資産比率がマイナス18.8％となっています。

次に「コストの硬直化が起きている団体」とは、住民一人当たり補助金と住民一人当たり他会計繰出金が人口規模平均値よりも２倍以上となっている団体です。これも北海道や九州・四国などの町村が多くあげられます。補助金や他会計繰出金は短期間で改善できるコストではなく、特に他会計繰出金は繰出先の財務体質の改善を図る必要があるため、当分は一定規模の支出が避けられず、このため他の政策に予算がつけられない状態になっています。一朝一夕には改善できるものではありませんが、やはり補助金の地道な見直しと公営企業改革は急務であるといえます。

目的別行政コスト計算書

　公会計による財務４表は、その団体のまとまった数値を示しています。これは制度上必要で有用な物ですが、財務分析の観点からすると、身体測定レベルのものです。やはり本格的な病気の原因特定とその後の効果的な治療を行うには、詳細な健康診断データが必要です。

　行政コスト分析は、「行政目的別」かつ「性質別」に行うことにより、「どこの何が」（例えば、「観光費の補助金が多すぎる」など）を把握することが可能となり、さらに次の段階として「事務事業別コスト分析」へと深化することができます。今後の事業の見直しには、実際の数値に基づいた根拠をもって行うべきであることは明白です。

公営企業について

　地方公営企業法の歴史は古く、早くから企業会計的手法を水道事業、病院事業などに導入してきました。よって、経営のための財務分析の歴史も公会計と比べると早期に着手しています。各種財務分析指標を公表し、その経営

状態について分析を行っているところですが、これらの分析結果を公営企業経営の改善に活用されているのかというと、正直疑問に感じています。有形固定資産減価償却率は法適用時に減価償却費がリセットされる制度設計になっているため、法適用前の償却率を使用することに注意が必要です。これらの財務指標を複合的に評価し、構造的な財務体質の改善を計らねばなりません。一般会計からの赤字補填をいつまでも続ける訳にはいかないのです。

特に企業経営のセンスが必要な部署

　公営企業は独立採算制を前提としている以上、そこには持続可能な経営責任が生じます。一般会計からの繰入金は基準内繰入金に限り、できる限り利益追求を行うと同時に、住民サービスの公平性や公共性を満たすことが求められ、現場は公と私の限界点と矛盾を理解する感性を持ち合わせた公私両備の人材が必要とされる難しいセクションだと感じます。それゆえに現場の声は「何を以て料金改定を行うべきなのか」「民間会計と官庁会計の中間的存在で解りづらい」「自由裁量がありそうで実は窮屈な制度」「消費税計算に専門知識がないので税務調査が不安」「技術専門者が不在のため事業に主導性がない」「模範とする財政状態や経営目標がわからない」など、様々な悩ましい意見が聞かれます。これらの問題点を解決するには会計人の積極的な関与が必要不可欠で、堅固な経営基盤を構築することが現代日本で求められている課題だと感じています。

赤字補填の現状

　前述しましたが、公営企業は独立採算制の原則を謳っており、料金収入で原価・経費を賄い、設備投資を行った結果、利益を計上するのが本来の姿で

す。しかし、現実的には赤字補填として一般会計から多額の繰入金が拠出されているのが多くの公営企業の現実ではないでしょうか。

　ここで民間企業の場合を考えてみましょう。自治体の水道事業会計や下水道事業会計などの公営企業は、民間企業でいう「子会社」に該当します。子会社が毎年赤字決算を続け、親会社から莫大な寄付金を受け取っていたとしたらどうなるでしょうか。まずは株主総会で経営者の責任が追及され、金融機関からは融資条件見直しとなり、子会社への寄付金は税務上損金と認められず一定額は税金対象となります。さらに子会社の大規模なリストラ案が公表され、結果によっては子会社閉鎖、事業譲渡などの結果を招き、これらの一連の判断・決定がスピーディーに行われるのです。

　地方公共団体ではこのようなことはなされていませんが、本質的には同じことだと思います。それほどの危機感・緊張感を持ち、公金を扱う経営者として意識改革が必要です。

　以上のことから、公営企業改革を行うために次の7項目を提案したいと思います。

　①　一般会計よりも、最優先順位で改善に取り組むこと
　②　独立採算制度の認識を徹底すること
　③　黒字に見せかけるだけの基準外繰入金はやめること
　④　一般会計には余裕がないことを認識すること
　⑤　原価計算の結果から料金算定を行うこと
　⑥　行政改革部局、財政部局との改革委員会を設立すること
　⑦　経営戦略は毎年見直すこと

おわりに

　地方公会計による財務分析の説明をしましたがいかがでしたか？
　企業も自治体も私たち人間と同じように病気にかかったり死んだりします。

私たち人間は体調に違和感を感じたとき、健康診断や精密検査をしてどこに原因があるのか調べます。そして、その検査結果を基に、効果的な治療が始まるのです。

　自治体には財務分析という健康診断書が必要であることは当然ですが、実はその後の治療が本丸であることはいうまでもありません。

　公会計による財務分析が今後の自治体経営に活用されることを願ってやみません。

参考文献

※夕張市ホームページ「夕張市立地適正化計画（資料編）」（2021.3）
https://www.city.yubari.lg.jp/gyoseijoho/machidukuri/machidukurimast/
　rittitekiseika.files/siryou.pdf

第6章

業務の棚卸しとBPR（業務改善）

滋賀大学　横山幸司

はじめに

　本章は、「業務の棚卸し」がテーマです。

　第2章では行革とは何か、行革はどういう手順でやるのか等について述べてきましたが、行革のプロセスの中でまず一番にするべきことは、まず「現状の分析」であり、それには「財務分析」と「業務の棚卸し」があります。「財務分析」については、第5章で解説していますので、本章では「業務の棚卸し」について述べていきたいと思います。

「財務分析」と同様に、残念ながら、「業務の棚卸し」をきちんとやっている自治体はあまりないのが現状ですが、近年2度ほど、「業務の棚卸し」を行う絶好の機会が訪れました。一度目は、2020年度から施行された会計年度任用職員制度導入前でした。本来、「業務の棚卸し」を行って、誰がどんな仕事をどのくらい行っているのかを把握したうえで、会計年度任用職員制度を導入すべきでしたが、多くの自治体では、それまでの臨時職員をそのまま会計年度任用職員に移行したため、人件費が膨らみ、今になって、「業務の棚卸し」を行う自治体も少なくありません。改革を行うのに遅すぎることはありません。今からでも「業務の棚卸し」を行うべきです。そもそも、「業務の棚卸し」は、会計年度任用職員制度の導入とは関係なく、人事や組織編成のためにも、常に行うべき作業です。そして、2度目が現在、国をあげて取り組まれているDXの推進によるものです。「業務の棚卸し」を行うことによって、どの作業に工程が多くかかっているのか、人員が多く割かれているのかが明らかになり、DXを導入するべき部分が明らかになるからです。しかし、多くの自治体がDXの推進も行革の一環であるということやそのためには「業務の棚卸し」が必須であることを理解していません。そこで、本章は業務の棚卸しと業務の改善について解説していきます。

業務の棚卸しとは何か

　はじめに「業務の棚卸しとは何か」です。「業務の棚卸し」について有名な自治体の例を二つご紹介します。一つ目は静岡県です。平成九年から取り組まれている自治体です。静岡県では、「『業務の棚卸し表』とは県の仕事について何をやっているか表にして見える化したうえで、その表を使って仕事を改善するためのものです」とあります。さらに「県の仕事は色々な分野に跨りとても複雑な為、改善するためには見やすく整理しなくてはいけません。そこで県庁で行っている仕事を課ごとにすべて書き出しています。何の目的のために何をするのか、業務の内容を目的別に整理して見えるようにしています」とあります。後ほども解説いたしますが、「業務の棚卸し」が目的ではなく、業務のプロセスを見える化し、「業務の改善」を行うのが目的となっています。

　二つ目に、群馬県館林市では「各組織、係等が業務の目的と目的を達成するための手段、事務、業務との関わりを的確に把握するために『業務棚卸し表』を作成しております。この『業務棚卸し表』で業務の『見える化』が可能となる他、目的に対して手段が適切なのかどうか確認でき、更に、業務をよりよい内容や方向へ『改善』しやすくなります」とあります。ここでも、「業務の改善」のために「業務の棚卸し」を行うことが明記されています。

　そもそも「業務の棚卸し」とは何かということですが、元々は企業経営の言葉です。簿記用語に「棚卸し」という言葉があります。「棚卸し」というと在庫の数量や原価の把握に用いられるのが一般的ですが、業務フローの改善を目的に「業務の棚卸し」という形で応用されることがあります。「業務の棚卸し」は業務の洗い出しや用語の統一といった作業を経て、業務の可視化から定着までを行う手法です。そもそも「棚卸し」とは在庫商品の価格を評価するために、棚から商品を出して数量や品質などを調べることを指しますが、これらは主に決算日に際して行われ、損益を査定するときに大切な役

割を果たしています。「業務の棚卸し」は、この「棚卸し」の方法を業務の評価にあてはめたものです。具体的には、業務内容や業務の種類、どのくらい業務を行っているのかを目に見えるものにすることを言います。行政経営も原理は同じです。

　まとめですが、「業務の棚卸し」とは、①どのような業務が存在しているか、②どれほどの人材をかけているか、③どれほどの時間をかけているか、④どれほどのコストをかけているか、⑤どのような手順で行っているかといった項目によって、業務を整理することです。当たり前のことですが各自治体ではいかがでしょうか。官公庁においては極めて弱い部分と言えるのではないでしょうか。

業務の棚卸しの意義と必要性

　続いて、改めて、業務の棚卸しの意義とその必要性についてお話を進めます。そもそも「業務の棚卸し」がなければ、本来、総合計画等行政計画も策定できません。新しい計画を策定するためには、今どのような業務があって、その業務はその自治体においてどのように位置づけられているのかが考えられていないといけません。歴史的にその使命を終えている業務があればそこで止めないといけないですし、足りなければ業務を新規追加しなくてはいけないわけです。自治体によっては、総合計画をつくった後に業務を当てはめていくというような例が多く見受けられますが、まったく本末転倒と言うべきです。

　また、「業務の棚卸し」がなければ、組織の編成もできません。これも現在、どこの課でどのような業務が行われているかということの把握なしではできないはずです。比例して人事もできません。人事も日本の官公庁は伝統的に人事マネジメントが極めて弱いと私は思っています。背景として明治政府以来の近代官制に由来するところが大きいと思いますが、現代においての一番

の原因は業務の棚卸しに基づく人事マネジメントが出来ていないことが大きいと思います。先ほど、会計年度任用職員制度について述べましたが、そもそもどういう身分の人がどういう仕事を行っているのかを整理することなしでは導入できないはずです。さらにはその先にあるアウトソーシングもできないはずです。最後に政策評価や人事評価もできない。どのような業務があって、その業務を何で測るのかというものがないと政策評価や人事評価も本来できないはずだからです。

業務の見える化

「業務の棚卸し」を行うことで何が明らかになるのかというと、一つには今まで見えなかった業務が明らかになるということがあります。事務分掌表や組織図、総合計画等に出てこない業務が多々あります。本来それはおかしいことです。二つ目に、費用対効果が明らかになるということがあります。例えばすごく目立つ事業を行っていると花形のように思われますが、それだけの費用をかけて業務を行っているのであれば当然であるとも言えます。自治体として本当にそれだけの費用を使ってまで実施していかないといけない事業なのかという議論もすべきです。逆に予算がないような業務もあります。予算を必要としない業務もあるでしょうが、ただ職員をタダ働きさせて、見えない作業をやっているというようなことであれば、是正していく必要があります。予算が低ければ良いという問題ではありません。三つ目に、不適切なプロセスが明らかになるということがあります。見える化という話がありましたが、「業務の棚卸し」の大きな目的はこれです。要するに誰がどういうプロセスで業務を行い、責任ある決裁を行っているかというようなことを明らかにすることです。悪い代表例を言いますと、不祥事が起こる自治体は必ずと言っていいほど、この点に問題があります。業務が見える化されている自治体では不祥事が起こりにくいわけです。ある人に業務が集中して誰も

チェックをしていないということが不祥事の温床になっていることが多いのです。ですから、誰から見てもあの人はどういう仕事をやっていて、この流れでやっていて、責任者が誰でということが明らかにされていれば不祥事もないはずなのです。2020年度より都道府県及び指定都市においては内部統制制度の方針を公表することが義務付けられましたが、「業務の棚卸し」は内部統制の観点からも重要だと思います。

　四つ目に、重複している事業、不要な事業が明らかになるということもあります。例えば、総合計画を策定する際に、そもそも総合計画をつくらないといけないのかという質問を自治体職員から受けることがありますが、総合計画はつくる必要があります。総合計画は自治体の政策の指針を定めるという意義と同時にその策定作業にこそ重要な意義があるからです。

　なぜかというと、よく指摘されるように、行政は縦割りで、様々な課が似たような補助金や事業を行っていることが往々にして多いです。それを統合再編したり、非効率なものは廃止したり主体や方法を改善する必要があります。あまたある政策を体系立てて整理するということも重要でしょう。その前提になるのが「業務の棚卸し」なのです。

　五つ目に、アウトソーシングやRPA化の必要性が明らかになるということが言えます。

　私が、「業務の棚卸し」に関わらせていただくと、「これだけの作業を１人でやっていたのですか」「これだけの作業を手作業で行っていたのですか」というような事例に出くわすことが多々あります。当然ながら、そういった部署は残業時間が多く、職員は疲弊し、心身の不調をきたすことも少なくありません。担当者あるいは担当課レベルでは分かっていて、過去にアウトソーシングやRPA化を主張しても、予算がないので財政課から却下されたという話もよく聞きます。アウトソーシングやRPA化には確かに費用もかかります。しかし、かといっていつまでも限られた人員と手作業に頼っていれば、必ずミスが起き、職員がつぶれてしまいます。そうなれば、役所内だけの問題に留まらず、住民にも影響を与えます。目先の予算がないからという理由

で先送りすることは近視眼的な発想でしかありません。客観的に当該事務事業にどれだけの負担がかかっているかということを明らかにし、正当な予算をつけていくための証拠としても「業務の棚卸し」は有効な手段となります。

　以上見てきましたように、「業務の棚卸し」は、その後の「政策評価」や「業務改善」と一体的に捉えられるということです。「業務の棚卸し」が目的ではなく、政策（施策や事務事業）を評価し、業務改善や予算措置を行うために必要な大前提となる作業と言えましょう。

間違いだらけの業務の棚卸し

　いくつかの代表的な間違いの例を述べていきたいと思います。①そもそも、業務の棚卸しを実施したことがない。これは論外ですが、今まで述べてきましたように、人事や予算編成のためにも必須の作業です。②コンサルに委託して実施したことがあったが、活用されたことがない。これは、何のために業務の棚卸しを行うのかが理解されないまま実施されるケースです。その後の改善が目的であることを理解して行わないと、職員には負担感しか残りません。③後付けで、総合計画等行政計画に位置づけている、政策評価の段階になって、初めてこの事業は総合計画のどこに位置づけられるのかを気にするわけです。おかしいですよね。そもそも計画にない施策を自治体が行ってはいけないはずです。今までなかった事業は新たに位置づけなくてはいけないですし、無駄な事業となっていれば廃止なり何らかの是正が必要です。④法的根拠をはじめ、何を根拠にその業務があるのかが不明なケースです。法的根拠を確認していない自治体は非常に多いです。例えば補助金や負担金にしても何の法的根拠に基づいて支出しているのかと担当課に尋ねると、法的義務はなく任意のものがほとんどです。県や広域組合などへの負担金はお付き合い的なものが多かったりします。自治体から地域の団体に出している補助金についても、いつつくられたのか、何の根拠によるのか、下手すると要

綱も何もないという違法状態のものもあります。これも担当課に尋ねると、昔の首長の時に政治的な理由でというものも多いです。そういう根拠のないものは、止めなくてはいけません。⑤義務的な補助金・負担金でないにもかかわらず、廃止や縮小は不可能だと思い込んでいる例も多く見受けられます。義務的なものでも負担割合が適切なのかどうなのか、当該自治体にとって支出に見合ったメリットがあるものなのかということは突っ込んでもいいのです。財政課の方でも予算の査定時に昔から続いているものについては何も言わないことが多いです。⑥予算がかかっていないから良い事業ということになっているものもあります。予算がかからない事業はそもそも止めたほうがいいということも多いです。なぜなら、どこかで職員の負担になっていることが多いからです。予算がかからないから良い事業ということでもないはずです。⑦似たような例で、自治体単費でないから、良い事業ということになっているというものもあります。財源が単費でなくても、業務は負担がかかっているのですから、本当に当該自治体にとって必要な事業なのかを検討する必要があります。⑧始期や終期が不明というものです。始期については先ほど述べましたが、終期設定のない事務事業評価シートも非常に多いです。終期設定は絶対に定めたほうが良いです。ルーティーン的な事業であっても３年とか５年といった周期で必ず見直しを行うということが重要です。どんなにうまくいっている事業でもなにがしかの改善点はあるものです。担当者も変わりますので、誰が後任になっても分かる引継書、事務事業評価シートを整備しておく必要があります。⑨正規職員が担うべき業務か、臨時職員が担うべき業務か議論がされていないという例も多く見受けられます。先に述べましたように、機械的に会計年度任用職員に移行しただけ、職員定数の帳尻が合わされているだけということも多いのではないでしょうか。正当な根拠もなく、正職員一人につき、臨時職員を二人付けておけば良いというような人事は人事とは呼べません。どのような身分の人がどのような業務を行っているということがきちんと明らかになっていなければなりません。

業務の棚卸しに必要な項目と手法

　では、業務の棚卸しに必要な項目は何かということですが、政策体系上の位置づけや予算上の位置づけ（一般財源・特定財源の別等）、事業費、人件費、正職員・非正規職員（会計年度任用職員）の別、法的根拠、始期・終期は必須項目と言えるでしょう。課題は業務量の把握です。確かに公務員の業務量の把握は難しいです。専門性が高いのか非専門性か、コア業務かノンコア業務か、定型か非定型か、他にも時間制御性や季節性などもありますが、基本的には人×時間です。みなさんも指定管理者制度や業務委託等で業者には人工を求めますよね。ところが自分たちの人工はいかがでしょうか。一人ひとりの業務量を正確に把握していない自治体が少なくありません。業務の棚卸しを行ってる自治体でも、業務あるいは人を「1」として自分がその業務に何割関わっているのかという方法で簡易的に算出している調査票の例が多く見受けられます。やむを得ないとは思いますが、本当は人と時間を正確に把握するのがベストです。

　業務量の把握は、通常、調査票を各担当課や職員に配布して行います。図6-1をご覧ください。基本的には、このようなマトリックスを完成させることによって、人工が明らかになります。

　図6-1の場合は、左の縦の列に「事務事業」を並べ、右の横の列に、「従事者」を並べていきます。この横の列の項目は、いくらでも応用が可能です。自動化（RPA化）や外部委託（アウトソーシング）の現状や可能性を調べていくことも可です。ここに、従事時間数や残業時間数あるいは予算などを加えていけば、従事時間や残業時間、予算の偏在も明らかになります。また月別に調べていくと月ごとの偏在も分かります。

　この2年ほど、国のDX推進に伴い、以前に比べて「業務の棚卸し（業務量調査）」を行う自治体が増えてきましたが、調査項目には大きく2種類あるように見受けられます。

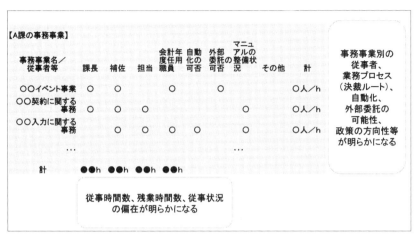

図6-1　業務の棚卸しの概念図　　　　　　　　　　　　　　　出所：筆者作成

　一つ目が、大きく事業別に調査していくものです。業務を性質別に、コア業務・ノンコア業務、定型業務・非定型業務、などに分類し、正規職員・会計年度職員の従事状況等を調査します。

　二つ目は、よりミクロに、作業分類（書類整理、データ処理、発送等）別に時間数や工程数、処理媒体（紙・電子）などを調査していくものです。

　前者は、事務事業の見直しや人材のアウトソーシングの検討につながりますし、後者は、DXの推進（AIやRPAの導入）検討につながります。

　別の言い方をすれば、業務の棚卸しの目的には大きく2つあると言えるでしょう。一つは、事業の見直し…具体的には、事業の廃止、統合、方法の変更、主体の変更、補助金等の見直し、使用料等の見直し、民間活力の導入などがあります。もう一つは、業務（事務）の改善…これも①内部事務の改善と②外部事務の改善に分けられますが、具体的には、ICT化、ペーパレス化、手続きや書類の簡素化、RPA化、業務の委託化などです。

　ここで自治体の皆さんに留意していただきたいのは、調査票を設計する際に、当該自治体は業務改善の中でも特に何の改善を目的に調査を行うのかを

明確にして設計して頂きたいということです。先に述べたように、大きく分けても2種類の違いがあります。これを間違えると、折角、多大な負担をかけて職員に調査票を記入してもらって調査を行っても、そもそも目的と手段を間違えているのですから、結果、何の役にも立たなかったという例が多く見受けられます。最近の残念な例を紹介しますと、DXの推進は主に情報システム系の課が行うため、行革担当課と意思の疎通がなく、民間事業者に奨められるままに、調査票の設計も民間事業者任せで、先の2つ目の種類に該当する調査を行ったが、何の行革にもつながらなかったという例です。民間事業者に調査を委託するにしても、当該自治体として何の改革を目的に何の項目を調査するのかということをしっかり議論したうえで、委託することが肝要です。

　調査票を取りまとめて、事業別業務時間数、月別業務時間数、業務別時間割合などを改めてグラフや図表で表していくと、職員の皆さんが肌感では感じていたことが、客観的な数字として見事に反映されてきます。
　しかし、調査票だけでは、定性的な問題など詳細が分からないこともありますので、従事時間数等の調査と同時に自由記述によるアンケート調査を行い、さらにそれらの調査結果を基に課（担当者）ごとにヒアリング調査を行うのが望ましいです。ヒアリングを重ねると調査票では出てこなかった職員の皆さんの本音が出てきます。

BPR（業務改善）の例

「調査結果」を整理したら、いよいよ、それらの問題をどうしたら解決できるか、皆で業務改善案を考えていきます。せっかく調査を行っても、これをしないと意味がありません。
「業務改善」は古くからある言葉ですが、近年は、官民で「BPR」という言

葉がよく使われるようになりました。改めて、BPRは何かというと、総務省によれば「Business Process Reengineering（ビジネス・プロセス・リエンジニアリング）」の略であり、「既存の業務プロセスを詳細に分析して課題を把握し、ゼロベースで全体的な解決策を導き出すことにより、国民・事業者及び職員の双方の負担を軽減するとともに、業務処理の迅速化・正確性の向上を通じた利便性の向上を図る取組」と定義されています。

　自治体によっては、BPRを狭く、PPAの導入等を中心とした業務改善と捉えている例を見受けますが、総務省の言うように、ただ自動化、ICT化すればいいというものではなく、業務の統廃合や手続き、書類の簡素化など、プロセス全体の改善も含めたものです。

　調査票調査ならびにヒアリングの結果、様々な結果が出てくると思いますが、概ね、その改善の方向性としては、小野隆氏らによれば、次のような類型化が可能です。大きくは「高次化」と「効率化」です。「高次化」とは具体的には、「経営戦略と人事戦略の整合、ビジネスを踏まえた要員計画、採用・配置計画」を指します。「ビジネス」は行政の場合、政策（施策・事務事業）に置き換えると良いでしょう。「効率化」には、「廃止・簡素化」…会議体の見直し、権限移譲・規程の見直し、業務頻度・範囲の見直し、「外部化」…庶務業務の外部委託、専門業務の外部委託、教育・研修の外部委託、「標準化・集約化」…ベンダー・サプライヤーの共通化、業務プロセス・ルールの統合、帳票の統合、自治体においては業務マニュアルの標準化などがここに該当するでしょう。「自動化」…RPAの導入、Excelツールの有効活用、基幹システムの改修、などです。

　こうした類型化によって、市の他の部署にも横展開が可能となります。もちろん、ここで行革は終了ではありません、こうして皆で考えた業務改善案を実行に移して、初めて行革と言えます。私が、関わらせていただいた自治体は必ず、最後には首長レベルに結果をご報告します。行革の実効性は首長のリーダーシップによるところが大きいからです。他の自治体でも参考にし

ていただければと思います。

「働き方改革」や「内部統制」も「業務の棚卸し」から

　本章のまとめですが、「業務の棚卸し」は行政経営改革を行うにあたり、「財務分析」と並んで真っ先に行うべきものです。「業務の棚卸し」を行うことにより、ほぼ、それ以降の事務事業の見直し、すなわち施策の方向性も明らかになります。

　現在、国が進めている「働き方改革」も、いくら有給休暇を取得しろ、残業はするなと言われても、無駄な仕事を減らさなければ、根本的な解決にはつながりません。「内部統制」も然りです。いくら監視を強くしたところで、不正を生む職場環境が改善されない限り、不祥事は後を絶たないでしょう。一番の基本は、業務の見える化なのです。

　確かに行政の行う業務の把握には課題があります。時間的な量だけではなく質の問題もあるでしょう。しかし、少なくとも、業務を把握しようとする意識が行政経営改革につながりますし、そういう姿勢の自治体は「働き方改革」も「内部統制」にも積極的であると感じます。これらの改革を行おうとする自治体は、第一に「業務の棚卸し」を行っていただきたいと思います。

参考文献
※静岡県「業務棚卸表」（2017）
※館林市「業務棚卸表」（2019）
※デロイトトーマツコンサルティング合同会社　小野隆ほか「最強組織をつくる人事変革の教科書」（日本能率協会マネジメントセンター、2019）

第 7 章

自治体 DX 推進計画について

株式会社ケーケーシー情報システム　三宮章敬

はじめに

　本章では、自治体DXについてご紹介いたします。数年前から「DX」というキーワードを耳にする機会が多くなりました。本日はDXの意味や自治体が推進する必要性、推進方法、そしてどの様な未来が視えてくるのか？　住民側と自治体側の視点を交えながらご説明したいと思います。

DXとは？

『DX or DIE』

　Dead or Alive（デット　オア　アライブ）"生か死か"の造語として使われ始めたワードです。

　DXを取り組み生き延びるのか、それとも衰退・消滅していくのか。今、デジタル革命の波が押し寄せているこの瞬間に、一歩目を踏み出すことの必要性を感じ、考えていただければと思います。

　DXとはデジタルトランスフォーメーション（Digital Transformation）の頭文字をとった略語です。本来は「DT」となりますが、英語圏内の国でTransは通称として「X」表記・発音することが一般的なのでDXとなりました。

　当時スウェーデンの大学教授であったエリック・ストルターマン氏が2004年（平成16年）に提唱したものです。DXが国内で流通し始めたのが、2018年に経済産業省が発出した「DXレポート」からです。DXを直訳すると「デジタルの変革・変化」ですが、本質的なところは「デジタルを活用して人々の生活がより豊かに、より良い方向に変わっていく、変わり続けていく」ということです。ツールや製品を導入しての「DX化」は間違いではありませんが、自治体DXの本質としては"住民のためになったのか？"が、真意となります。

DXへの工程にはデジタル化の先にDXがあります。そのデジタル化には「デジタイゼーション」と「デジタライゼーション」の2つに分けられます。「デジタイゼーション」とはアナログからデジタルに変換すること。例えば紙をPDFデータにすることや、カメラで現像した写真はスマートフォンやデジタルカメラで撮影したデータを指します。

「デジタライゼーション」とは仕組みやプロセスを変えて効率化を図ることです。会議資料をコピーしてホチキス止めして出席者に配布してたものを、データ化・共有することで関係者は事前に目通しできることです。（省力化や効率化）

　この「デジタライゼーション」の一歩先が「デジタルトランスフォーメーション」となります。仕組みやプロセスを変えて効率化をしながら、新しい価値や価値観を変えていく、そして、創っていくということです。

「世の中は常識外れが変えて往く」。近年の民間企業はこの様な観点で人材採用をしています。

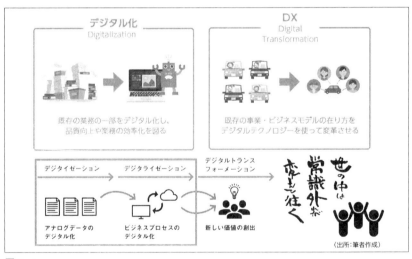

図7-1

国の施策について

　日本の目指すデジタル社会の重点計画にはデジタルによる成長戦略やBPR（Business Process Re-engineering＝業務改革）と規制改革の必要性などが掲げられています。（図7‐2）

　国民一人ひとりがその人にあった多様的サービスが選択できる社会基盤の構築を目指しています。

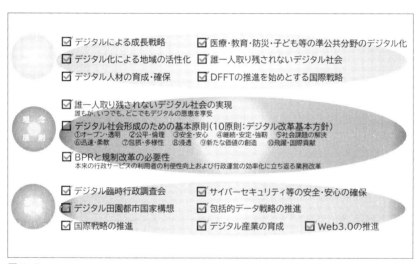

図7‐2

　DXに関するその他資料には「デジタル・ガバメント実行計画」、「DXレポート」、「成長戦略実行計画」、「世界最先端デジタル国家創造宣言・官民データ活用推進基本計画」が発出されており、要約すると「2025年までにDX化をしないと、とても大変なことになる」ということです。具体的には①業務効率低下と②大規模な経済損失の発生が予測されています。

　▪①業務効率の低下

総務省が発表した情報通信白書には生産年齢人口（15歳〜64歳）が2020年に7,300万人、2025年は7,000万人、2035年では6,300万人と、3年後は43万人、15年後には約1,000万人もの減少予測です。これは世界に例を見ないスピードで少子高齢化が進んでいる状態です。

- ②大規模な経済損失

　経済産業省の試算では年間12兆円の損失が発生すると発表しています。現在の経済損失は約4兆円と言われていますので、その3倍もの損失となります。これらの問題を解決するためにITを使って仕事を改革、効率化させる必要があります。

　世界と比較した場合の日本のポジションについてご説明します。

　国際連合が2020年7月に発表した国際連合加盟国193カ国を対象とした電子政府の調査結果では、通信インフラや人的資本、オンラインサービスの整備などの観点で順位付けされ、日本は14位と、まだ上位ですが、前回の調査から4つ順位を下げており、デジタル社会への移行が停滞していることが明白です。

　OECD（経済協力開発機構）の行政手続きのオンライン調査結果では参加した30カ国で日本のオンライン利用率は7.3％で最下位です。この結果を受けて内閣府は2020年11月の「年次経済・財政報告」の中で、デジタル化の課題を2点挙げています。

①デジタル化を担う人材不足
②デジタル化を担う人材がIT関連産業に偏っており、行政など公的部門には少ない

　つまり、総論として「デジタルに強い人材が日本全体で不足している」となります。

自治体を取り巻く環境変化について

　現在の日本の人口は約１億2,300万人、2021年から2022年の１年間で約62万人減、13年連続で減少しています。地域経済分析システム（RESAS）で滋賀県は2020年をピークに緩やかな減少傾向ですが、特筆すべき点は生産年齢人口が今後25年間で15万３千人減少予測となっています。県内総人口は約１割減に対して社会の担い手となる生産年齢人口が約２割も減少するため人口減少傾向が緩やかな滋賀県でも近い将来、経済活動をはじめとする社会基盤の困窮に直面してしまいます。

　記憶に新しい特別定額給付金事業（１人10万円給付）はマイナンバーカードでオンライン申請すると迅速な給付ができるとの事でしたが、誤入力や二重申請が多発し自治体職員の膨大な労力となって多くの自治体でオンライン申請を停止、紙での申請となりました。その様なアナログ手続きの中で、西宮市の保健所がコロナ患者の入院先調整のため個人情報を個人宅に間違って２回もFAX送信した事故が発生しました。この様なことを脱却するためにデジタル分野の法整備が進みました。

　2004年に行政手続オンライン化法が制定され、行政機関のオンライン利用が可能となりましたが、2019年交付のデジタル手続法では各省庁・都道府県のオンライン化は原則対応となり、地方自治体は努力義務として付されています。

　デジタル化の基本原則は以下の３点が挙げられています。

①デジタルファースト（手続きをデジタルだけで完結させる。紙媒体は経由しない）

②ワンスオンリー（申請者に同一情報の提供を求めない。バックオフィス側でデータ連携させる）

③コネクテッドワンストップ（コネクテッドは「接続、接合」の意味があり、

行政機関だけでなく、電気、ガス、水道、民間企業など連携して複数の手続きをワンストップで完結させる）

デジタル田園都市国家構想では地方と都市の格差をデジタル技術でカバーし、地方に居住しながらでも質の高い生活や働き方、ゆとりなどを享受できるようにする。Wi-Fiなどのネット環境や交通や医療、教育のテクノロジー化の実現に向けた補助金も準備されました。

自治体DXの定義

自治体DXの意義は多様にありますが、定義としては「デジタル技術を活用して行政サービスを変革すること」です。視点を変えると「住民の利便性を向上させる」。つまり、住民本位でなければどの様なデジタル技術を活用しても、それは自治体DXではありません。

コロナ禍で脆弱な通信インフラや情報基盤、データ利活用が致命的であることが浮き彫りになったことと併せ、自治体職員は住民にとって利便性の高いサービス提供を実施したいが、業務量の増加や人手不足など様々なフラストレーションが積み重なったと思います。これらの課題に対し、全てをテクノロジーで解決するのではなく、「テクノロジーも有効に利用する」ことへの考え方が重要となります。

自治体DX推進計画の概要

総務省から関連資料が多数公表されていますが、自治体DXの定義を踏まえたうえで、自治体DX推進計画概要（2020年12月25日付）と、自治体DX推進手順書（2021年7月7日付）についてご説明します。

両資料共に①「いつまでに」、②「どの様にして」、③「何をしないといけないのか」が明記されています。

①いつまでに：2026年3月まで。経済産業省が提唱する「2025年の崖」と同じリミットです。

②どうやって：DX推進の体制の構築を行う。事業を推進する組織を整備して、デジタルに強い人材の確保だけでなく、今のリソースから人材育成をさせ、計画的な推進を図ります。

③何をしないといけないのか：それは、6つの重点取り組み事項として「何を」が明記されています。

　以下が6つの重点取り組みです。

1）個人情報事務利用系の基幹システムを標準化／共通化すること

2）マイナンバーカードの普及促進を行うこと

3）届出書や申請書などの行政手続きをオンラインで利用できること

4）業務プロセスを見直してAI（Artificial Intelligence＝人工知能）やRPA（Robotic Process Automation＝パソコンの中で動く自動代行ロボット）を導入・活用を促進すること

5）働き方改革の一環でもあるテレワークの導入や活用を促進すること

6）セキュリティポリシーガイドラインが改定されたことで適切なポリシーの見直しを行い、セキュリティ対策を徹底すること

　また、あわせて取り組むべき事項として地域社会のデジタル化とデジタルデバイド対策（「デバイド」は格差という意味で、「デジタルデバイド」はデジタルを利用できる人と出来ない人で受ける恩恵の格差をなくす対策）の2点があります。

　今回は重点取り組みの最たる3点を深堀してご説明します。

1）個人情報事務利用系の基幹システムを標準化／共通化

　全国約1700の自治体には様々な行政システムが稼働しています。標準化／共通化されると、例えば制度改正の時、自治体間でバラツキの有った改修費用の一律化、共通インフラによるシームレスなデータ連携などのメリットが

挙げられます。対象業務は住民生活と繋がりの強い20業務で、住民側は窓口の待ち時間が短縮、自治体側は事務負担軽減などが見込まれています。それと同時にGov-Cloud（ガバメントクラウド）と呼ばれるクラウド化の準備も進んでいます。

　ガバメントクラウドの概要は、20業務の各システムがカセット式になっており、例えば、個人住民税はA社、児童手当はB社、生活保護はC社とすることも事実上は可能です。プラットフォームの異なる業務システムをコントロールするのが共通基盤となり、この共通基盤を基に各業務のデータ連携がおこなわれ、共通基盤上に各システムが搭載される形式となります。共通基盤と業務アプリケーションを総称した枠組みがガバメントクラウドです。

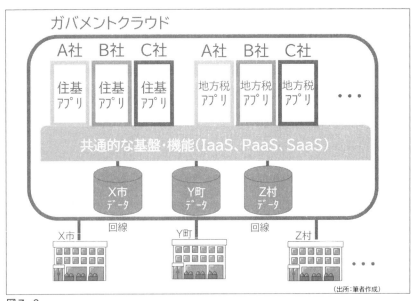

（出所：筆者作成）

図7-3

　標準化／共通化に向けて自治体側のロードマップでは新しいシステムの機能仕様と現在システムの機能の新旧比較（FIT&ギャップ）やシステム移行計画案の策定が直近で必要です。2023年度以降にはインフラの整備計画や文字

同定、データクレンジングや標準化／共通化システム以外のシステム連携確認、新システムへの移行リハーサルなど計画的に人員を見越しながら進めていく必要があります。

2）マイナンバーカードの普及促進

　マイナンバーカードの普及が進まない理由には、利用できる場所が極端に少ない、保有しておくことの不安感、申請手続きや受取手続きの煩雑さ、マイナンバーカード以外で本人確認（運転免許、保険証）ができる、などの理由が挙げられます。

　2022年7月30日時点でマイナンバーカード交付率の全国平均は45.9%、都道府県別順位では滋賀県6位、愛知県16位、岐阜県32位です。2022年6月に政府がマイナンバー交付率を地方交付税の交付に反映させる方針であると報道されました。そもそもカードが普及しないと、インフラやサービスをいくら整備・提供しても行政手続きは従来と変わらず、来庁方式が基本となります。そこで政府は紙カードの保険証を廃止してマイナンバーカードに統合させる意向を骨太方針に盛り込みました。賛否両論ありますが、原則義務化の方針であるためマイナンバーカードの交付率は飛躍的な上昇を辿ることになります。また、運転免許証との一体化は2年前倒しして2024年度末までに実施予定です。将来的にはスマートフォンでモバイル運転免許証も検討されています。（米国、フィンランド、タイでは実施済み）

3）届出書や申請書などの行政手続きをオンラインで利用

　マイナンバーカードを利用しての申請が想定される31の行政手続き、市町村は自動車を除く27の手続きがマイナポータルから利用可能となります。児童手当・児童扶養手当の現況届、要介護や要支援認定申請などが対象となり、市町村で違いはあるでしょうが、一般的な手続き件数が3,000～5,000件といわれるため、利用者目線で優先度を考慮しながらオンライン化することが最良と言えます。

他の重点取り組みですが、AI ／ RPAの共通点は「データ活用した自動化」です。例えば保育所の入園選考は複雑で一定の判断とルールを介入させながら時間をかけて選考していた作業が、AIでは数秒で割り振りできます。

　RPAは定型事務を自動代行させるツールでデータ投入や処理の実行を自動化させます。しかし業務プロセスが可視化されておらず、業務の棚卸が不十分な為、製品やツールだけ購入して十分な活用に至っていない自治体も数多くあります。

　先ずは現状を知る「棚卸」に十分な時間を割き、可視化した計画に基づき実行に移すことが重要です。

　テレワークは、都道府県・政令市で実施率100%、市区町村で約50%に到達しましたが、特定の部署・部門のみが実施している現状です。

　セキュリティではポリシーの見直しを行いながら、セキュリティ強化を継続していくこと。DXの推進とセキュリティ対策はシンクロ性が必要ですが、専門的知識が必要なため外部から専門員の登用や、アウトソーシングの検討も効果的です。

先進事例

▪ 事例1（エストニア）

　世界的な先進地エストニアは北欧の小国で人口130万人程度ですが、電子国家・電子政府としてトップランナーを走っている国です。行政主導で国民番号（eID）が付番され、そのeIDで氏名、生年月日、住所、納税額、学歴、病歴、犯罪歴などあらゆる個人情報を個人ポータルサイトで閲覧できます。また、オンラインで住所変更の手続きを行うと電気、ガス、水道、金融、通信会社などのデータも更新されます（コネクテッドワンストップ）。非デジタル手続きは結婚、離婚、不動産売却の3つで、これらは慎重な判断を要す

るため、敢えてオフライン（リアル）での手続きとされています。

▪ 事例2（兵庫県三田市）

　国内の事例では兵庫県三田市の紹介です。三田市では人口流出、特に20代の若者が立地的に大阪や神戸、西宮、尼崎へ転出超過が続いている問題に対して「人口減少に負けない街づくり」の一環として「三田里山スマートシティ構想」を掲げました。特徴として人口減少は避けられない、と割り切った上で、デジタル技術を活用して高齢者も安心して暮らせる街を目指しています。産官学連携を強く意識され、丸紅や関西電力、地元のバス会社や大学などと数多くの連携協定を締結しています。

▪ 事例3（北海道北見市）

　北海道北見市ではワーケーションという言葉がまだ国内で浸透する前からIT企業と連携して実戦していることや職員の働き方改革、人材採用・育成、Uターン支援など地域課題の解決にも挑戦している行政モデルとして有名な自治体です。その中でも2009年から始めた「住民目線DX」では、「書かない窓口」と「ワンストップ・総合窓口サービス」を実現しました。終始混雑する記帳台を廃止され、職員が窓口でヒアリングしながらタブレットに必要な情報を入力して申請書・届出書などを出力します。住民は記名のみで手続きが完了する仕組みです。総合窓口も最初から全てをカバーしたのではなく、市民課・税務課関連から始めて児童手当、子ども医療・重度医療・ひとり親医療、DVによる住民票の住所保護、畜犬、市営バス乗車証、ワクチン接種を計画的に順次拡大しています。おくやみ手続きは受付54種類、案内10種類をおくやみワンストップとして専用窓口を開設しています。これらの取り組みはホームページやインターネットにも掲載されています。

▪ 事例4（兵庫県養父市）

　兵庫県養父市では仮想空間（メタバース）に養父市役所を開設され、魅力

発信、観光資源のPR、交流拠点など地方創生の一環として新たな形で関係人口を増やしていきたい想いで取り組まれています。

▪事例5（キャッシュレス決済化）
全国の自治体で急速にサービスインしているのが窓口証明証発行手数料のキャッシュレスです。クレジットカードや交通系ICカード、スマートフォンでPayPayやLINE Pay、d払いなどQRコード決済を利用することで住民側は現金が不要、行政側では現金紛失の解消、お釣りを渡す・間違えるなど手間や管理軽減のメリットがあります。

これからの展望

　民間経営における経営資源の三原則とは、「ヒト・モノ・カネ」と言われていましたが、近年ではこの三要素以上に必要な項目として情報やデータなどの「デジタル技術」が加わり、三要素以上に比重が大きくなっています。これらは地方自治体においても同様で、自治体行政改革をベースとした自治体DX推進の重要ポイントを述べます。

①横断的体制の構築…デジタル庁の理念と同様に縦割り組織ではなく、横串にした情報や意見が流通できる体制であること。
②デジタル人材の確保・育成…圧倒的なスピードで進歩していくデジタル社会に対して、ITリテラシーの人材を確保していくこと、そして育成を継続的なものにすること。
③計画的な取り組み…ヒト・モノ・カネの有形資産とDXの無形資産を活用する訳ですが、有形資源には限りがあります。先進事例でも述べた組織も最初から全てをデジタル化した訳ではなく、今できること、半年後にできること、1年後、3年後、そして5年後・10年後にできるアクションプランの立

案を行うこと。

④自治体間の連携強化…成功事例だけでなく失敗事例なども含めて自治体間の活きた声や情報を共有し、関係性を今以上に強化していくこと。

　そうすることで、10年、20年、50年先の本来あるべき行政の姿、持続可能な未来を見据えることができると思います。

　最後に、限られた紙幅の中でご説明したことは国や行政が進むべき指標の一部でしかありません。破壊的なイノベーションの波が押し寄せている環境の中で、一人ひとりのマインドが大切になります。今まで慣例的だったことに対して「なぜ？」「どうして？」という疑問から皆さんのイノベーションの第1歩が始まります。「未来のあるべき自治体DXの姿」を思い描き、地域経済の促進や課題解決に取り組まれる皆さんのご活躍に期待します。

参考文献

※総務省ホームページ「マイナンバー交付状況について（マイナンバーカード交付状況）」https://www.soumu.go.jp/main_content/000697793.pdf（令和4年7月30日参照）

※総務省ホームページ「令和4年度版情報通信白書」https://www.soumu.go.jp/johotsusintokei/whitepaper/ja/r04/pdf/index.html（令和4年7月参照）

※総務省ホームページ「自治体デジタル・トランスフォーメーション（DX）推進計画」および「自治体DX推進手順書」および「デジタル・ガバメント実行計画」https://www.soumu.go.jp/denshijiti/index_00001.html（令和2年12月25日参照）

※経済産業省ホームページ「DXレポート　〜ITシステム「2025年の崖」の克服とDXの本格的な展開〜」https://www.meti.go.jp/shingikai/mono_info_service/digital_transformation/20180907_report.html（平成30年9月7日参照）

※政府CIOポータル「行政手続等の棚卸結果等」https://cio.go.jp/tetsuduki_tanaoroshi/（令和2年4月2日参照）

※政府CIOポータル「地方自治体によるガバメントクラウドの活用について（案）」
https://cio.go.jp/node/2733（令和 3 年 8 月参照）

※国際連合ホームページ「E-政府調査2020」https://publicadministration.un.org/
egovkb/en-us/Reports/UN-E-Government-Survey-2020（令和 2 年 7 月10日
参照）

※内閣府ホームページ「年次経済財政報告」https://www5.cao.go.jp/j-j/wp/wp-
je20/index.html（令和 2 年11月参照）

※兵庫県三田市ホームページ　https://www.city.sanda.lg.jp/shisei_joho/ 1 /9544.
html（令和 4 年 7 月参照）

※兵庫県養父市ホームページ　https://www.city.yabu.hyogo.jp/soshiki/
kikakusomu/kikaku/metaverse/9581.html（令和 4 年 7 月参照）

※株式会社シード・プランニング　デジタル行政　https://www.digital-gyosei.com/
post/interview-kitami/（令和 4 年 7 月参照）

※神戸新聞ホームページ　https://www.kobe-np.co.jp/news/sougou/202008/0013606033.
shtml（令和 2 年 8 月15日参照）

第 8 章

補助金・負担金等歳出の見直し

滋賀大学　横山幸司

はじめに

　事務事業全体の見直しについては、第4章で述べましたが、さらに区分を分けて見直すのが丁寧な方法です。例えば、「補助金・負担金等歳出の見直し」や「使用料・手数料等歳入の見直し」、あるいは「公共施設の見直し」「指定管理者制度等民間活力の見直し」といった区分別や補助金でも団体ごとやイベント事業ごとに深掘りするなどの方法が考えられます。

　本章では、「事務事業の見直し」の中でも特に要請の多い「補助金、負担金、委託費等歳出の見直し」について解説していきたいと思います。地方自治体の政策の多くは「補助金、負担金、委託費等」の歳出が伴います。従いまして、これらの歳出を見直していくことは、行政経営改革の中でも大きなウエイトを占めます。

　しかしながら、残念なことに、地方自治体の現場では、補助金、負担金、委託費の区別もよく理解されないまま、執行されているのではないかといった例が見受けられます。そこで、本章では、まず、補助金、負担金、委託費とは何かといたところから解説し、その後、主に補助金見直しの具体的な視点について述べていきます。

補助金、負担金、委託費の違いとその根拠

　はじめに、補助金とは何かということですが、教科書的におさらいしますと、地方自治体から私人に対して、特定の行政上の目的のためになされる金銭的給付です。公益上、必要がある場合において認められるものとされています。法的根拠はというと、遡ると憲法までいきます。憲法第94条に「地方公共団体は、その財産を管理し、事務を処理し、及び行政を執行する権能を有し、法律の範囲内で条例を制定することができる」とあります。つまり、

地方公共団体は個人と同様に財産の管理・処分をすることが出来るということが憲法上保障されており、補助金の支出もこの財産の管理・処分に含まれます。同時に、憲法第89条では「公金その他の公の財産は、宗教上の組織若しくは団体の使用、便益若しくは維持のため、又は公の支配に属しない慈善、教育若しくは博愛の事業に対し、これを支出し、又はその利用に供してはならない」とあり、宗教組織や慈善、教育などの私的事業に対する公金の支出の制限をしています。特に後段の趣旨としては、戦前の全体主義の反省から「公費濫用の防止と国家の中立性の確保」の2つを立法趣旨としています。しかし、このことを根拠に「サポート・バット・ノーコントロール」を曲解し、団体等に補助金は出すけども口出しはしないという自治体の職員が時々見受けられますが、「サポート・バット・ノーコントロール」の意味は、補助金によって団体の主権をコントロールするようなことがあってはならないという意味であり、目的や使途が不明な補助金は交付できませんし、適正に使用されているか自治体の検査・監査権が及ぶことは当然のことです。「サポート・バット・ノーコントロール」は、決して治外法権の意味ではありませんので、誤解のないようにして頂きたいと思います。

　以上が憲法上の根拠でしたが、直接的には、地方自治法第232条の2の「普通地方公共団体は、その公益上必要がある場合においては、寄附又は補助をすることができる」が根拠となります。「公益上必要がある」か否かは、その自治体の長及び議会が個々の事例に即して認定することになりますが、これは全くの自由裁量行為ではなく、客観的に公益上必要があると認められなければならないとされています。実際の地方自治体の現場では、個別の法律に根拠を持つ「義務的な補助金」と法律に根拠を持たない「任意的な補助金」があります。横浜市では「法令等の定めはないものの、国や他の地方公共団体との協調事業や本市が担う政策上必要性が高いとされる特定事業や活動を奨励または育成することが、公益上必要性が高いと判断できる場合、行政からの支援として補助する任意的な支出」と定義しています。多くの自治体で問題となるのが、この「任意的な補助金」です。この見直しについては、詳

細を後述します。

　また、関係法令として、「補助金等に係る予算の執行の適正化に関する法律」（いわゆる補助金適正化法）（昭和三十年法律第百七十九号）があります。条文は多くはない法律ですが、補助金の「定義」から交付の「申請」「決定」「実績報告」「決定の取消」「返還」「立入検査」等、補助金交付に関する手続きが定められています。この法律の中に、後述する補助金に求められる「目的」「対象」「始期終期」「成果」等の本旨が見られます。しかし、この法律は、国から地方公共団体等へ支出する補助金が対象であり、地方公共団体から支出する補助金は適用されません。そのため、各地方公共団体は、この法律に準じて、「補助金交付条例」や「補助金交付規則」、「補助金交付要綱」を定めているのが通常です。私が実際に自治体に入って「補助金・負担金等の見直し」をしていますと時々、交付規則や交付要綱がない場合がありますが、その時点でアウトです。交付要綱がない補助金などはあってはなりません。

　続いて、負担金ですが、「地方財政小辞典」によれば、負担金とは、一定の事業について特別の利益関係を有する者が、その事業の施行に要する経費の全部又は一部を、その事業の施行による受益の程度に応じて負担する金銭的給付をいう場合と一定の事業等について財政政策上その他の見地からその経費の負担割合が定められているときに、その負担区分により負担する金銭的給付をいう場合があります。前者は国・地方公共団体が、国民又は住民に課するもので法律上の根拠を必要とします。後者は、国と地方公共団体及び地方公共団体相互の間にみられるもので分担金と呼ばれる場合もあります。具体的な法律としては、道路法第58条、道路法第61条、都市計画法第74条、海岸法第70条、下水道法第18条、下水道法第18条の２，河川法第67条、地方自治法第224条などが挙げられます。

　以上は、法律に根拠を持つ負担金いわば「義務的な負担金」の説明でしたが、実際の地方自治体の現場では、補助金と同様に「任意的な負担金」が存在します。横浜市では「国や地方自治体、地方自治体が構成する団体、民間団体等の行う特定事業や活動により、本市が特別の利益を享受できる場合、

当該団体の会費相当額や実費相当額を継続性の有無に関わらず、負担する任意的な支出」と定義しています。補助金と同様に、多くの自治体で問題となるのが、この任意的な負担金です。イベント事業における実行委員会形式などに対する歳出に使われる例を多く見受けますが、負担金の意味も理解しないまま、補助金のつもりで負担金を支出し、財的のみならず人的にも自治体職員が負担を担わされているような例を見受けます。その歳出の性質が補助金と負担金のどちらが適切なのかを見極める必要があります。

　続いて、委託費ですが、同じく「地方財政小辞典」によれば、委託費とは、地方公共団体がその権限に属する事務・事業等を直接実施せず、他の機関又は特定の者に委託して行わせる場合にその反対給付として支払われる経費であり、予算の科目としては、「委託料」に計上されます。

　委託には、法令の根拠に基づいてなされる公法上の委託と法令に基づかず、私法契約によってなされる私法上の契約とがあり、両者とも通常、委託契約を結んで行われます。公法上の委託としては、収納した証券の取り立て及び納付の委託、使用料・手数料等の徴収又は収納の事務の委託、支出事務の委託、公の施設の公共的団体に対する管理委託、事務の委託等があります。私法上の委託とは、私人に委託させる方法が有利でかつ効果的なもの、試験、検査、研究等、主として専門的な技術又は知識を要するもの、統計調査等の委託、設計、測量、観測等の委託、映画、テレビ等の制作委託等があります。

　この委託費においても、前述の補助金、負担金等と同様に、その意味を理解せずに安易に委託費として地域や団体に支出したがために、本来は行政が行うべきことではないかと住民から逆手に取られてトラブルになるケースも少なくありません。まずは自治体内部で、財政出動を伴う政策の制度設計において、その性質上、補助金、負担金、委託費のどの手法を採ることが適切なのかをよく議論して、立案する必要があります。

補助金の分類

　次に、補助金の分類ですが、いくつかの切り口があります。はじめに、前述のとおり、義務的な補助金なのか、任意的な補助金なのか、です。法令で決まっているものは義務的な補助金です。そうでないものは任意の補助金となります。「補助金・負担金の見直し」時も法令で義務があるものは除外する場合があります。裁量が無い補助金につきましては除外しても良いかもしれません。任意的な補助金というのが対象の中心になってくるということになります。ただ、義務的な補助金についても、その割合ですとか、手続き等については議論する余地はあります。

　別の分類の仕方をしますと単独補助なのか協調補助なのかという分類もあります。単独補助が主な対象になりますが、協調補助も見る必要があります。何か協調してやっているとか、国や県が何割か出しているからいいだろうと言って財政査定もスルーされるケースが多いですが、本当にそれはお付き合いして出さないといけないのかということも議論する必要があるからです。あるいは、その負担の割合が適切なのかということを議論する必要がありますので、最初から除外するようなことはしない方がいいと思います。

　その他にも、自治体の事例を見ていきますと、性質別に分類している自治体もあります。これは自治体独自で分類されています。滋賀県の多賀町では、運営費補助なのか、事業費補助なのかという分類をされています。神戸市では、経済支援型、これは福祉関係が多いと思います。大会支援型、これはイベント関係が多いと思います。他にも施設整備支援型、行政補完型、政策誘導型というように分類されています。

　このように分類していくとどこの補助金が多いとか、財政を圧縮する場合に分類別に見ていく、目標を決めていくということが可能になります。補助金と言っても種類が多岐にわたりますので、自治体のその時、見直したい視点によってどういう分類を採用するか決定するのが良いかと思います。

補助金の効果と問題点

　補助金の効果と問題点ということですが、補助金の効果は市民活動を活性化させたり、経済活動を活性化させたり、まちづくりを促進したり、行政の補完的な役割だったりというものが期待されています。

　それに対して問題点ですが、主なものに４点ほど考えられます。①戦略的に交付しないと効果が見えない…これは、事務事業の見直しの際に解説したことと比例しますが、何を目的として、何の成果をゴールに、誰を対象としてといった基本的な視点なしに、ただ前例主義や「他もやってるのでうちもやってます」的な補助金は税金の無駄使いというほかありません。②一度交付すると既得権益化する…他の施策・事務事業同様に、補助金も中々スクラップアンドビルドが進まない領域です。特にお金は一度もらってしまうとそれを自ら辞退する団体はまずありません。予算には限りがあります。適切な基準でもって、優先度をつけてスクラップアンドビルドをしていく必要があります。③本来、行政の責任においてなされるべき事業が、補助金の支出という形で安易になされやすい…補助金のみならず、負担金や委託費でも同じことが言えます。時々、お金だけ出しておけばあとは知らないといった姿勢の自治体を見受けますが、補助金を出せば、行政の責任が無くなるわけでも何でもありません。公と民が共に地域をよくしていくために補助金等があるのです。まず行政ならびに政策として何をすべきなのか、次に民を含めた適切な役割分担は何が考えられるのかといったことを議論したあとにその一手法として補助金等を考えるべきです。④最悪、不祥事や財政の悪化につながる…行政経営改革全般と同じことが言えますが、適切な補助金等の執行でなければ、必ずそこに不祥事が起きます。そして、それはイコール無駄な税金が流れるということです。ほとんどの自治体が財政難の時代に、不適切な補助金等を支出している余裕はありません。

補助金見直しの視点

　それでは、こうした補助金をどういう視点で見直していくのがいいのか、いくつかのポイントを挙げていきましょう。以下のような状態の補助金は廃止するか改めるべきというものです。

　①制度の利用がない。これには二つの理由が考えられます。一つは需要がない。需要がないものはそもそも廃止すべきです。もう一つは、需要があるけど使い勝手が悪いので、申請に手が挙がらないというものです。申請できる対象者が自治会連合会とか商店街組合連合会といった特定の団体に限られていたり、補助率が低すぎてあとは自己負担が多いため、申請できないといったものです。そういう場合は申請しやすい制度に改善すべきです。②社会情勢の変化や自治体の施策の方向性と合わなくなってきている。何十年前につくられて今の時代それは使命を終えたのではないかというものです。③補助対象事業の歳入総額に対し補助額少額であるというものもあります。裕福な予算規模のある事業、組織なんかが1万円くらいの補助をもらっているようなケースです。そもそも補助金など必要もないけど、お金を断る理由もないので、貰い続けているといった例です。④団体の繰越金が補助額を上回っており、補助額に見合う事業が実施されていない。これも多いです。ひどいケースだと、もらった補助金をそのまま来年度に繰り越しているという例もあります。そのような団体に補助金は要らないということです。⑤団体の運営に対する補助として国や県補助金に上乗せする形で補助金を支出しているが、市補助額を上回る繰越金が生じている。県からも貰っているし、色々な所から貰っている。結局繰越金が増えている。これも要らないのではないかというものです。⑥補助事業に要する経費に対する自治体の負担が大きい。これは逆に補助金依存型、補助金が無いとやらないよと言っているものです。貰わないと困ると言っている場合もあります。これはケースバイケースだと思いますが、単なる自分たちの

自己満足の活動の存続のためであれば、止めてもらいたいです。⑦当該自治体が支出している他の補助金と重複している。これも結構あります。当該自治体から色んな部署が同じ団体にお金を出している。福祉や商工関係に多くみられます。⑧要綱や規約、協定書等が定められていない。前述しましたが、そもそも法的根拠がない。これはもってのほかです。あるいは、要綱はあるけど、何十年も見直したことがないというケースもあります。要綱は不磨の大典ではありません。時代に応じて柔軟に見直していくべきです。⑨補助額が高額で交付限度額が定められていない。これも多いです。予算に応じて交付するというようなものであったり、上限なしであったり、これも昔からある団体への補助に多く見られます。やはり、上限額は決めなくてはいけないと思います。⑩制度や手続きが複雑で申請者にとって分かりにくい。これは重要なことです。補助制度は使われて何ぼですから、使われない制度であれば、止めたほうがいいです。使われないということは何かに問題があるわけで、その原因は何なのかということを考えなくてはいけません。そもそも需要がないのか、需要があるけど面倒だから使ってもらえないのか、であれば、申請手続や書類は簡単にすべきです。自治体職員の皆さんは自分が住民の立場になって考えてみてください。⑪交付要綱に定める目的、補助対象経費に沿った支出がされていない。団体補助で多く見られます。何に使われているのか分からない。最近は、団体補助は限りなく減ってきていて、具体的な事業費補助に転換する自治体が増えてきました。自治体としてお金を出しているのですから、何をしてほしいか言うべきです。それがなされていないのであれば補助はやめるべきです。⑫毎年度交付しているが、補助額の積算根拠が不明であるもの、定額補助というものです。これも最近は改める方向です。毎年5万円というものはおかしいわけです。積算の根拠があって額が決まるということを徹底していかないと不祥事につながることが多いです。

以上が具体的な見直しの視点の例でした。このような視点に立って、自治体は見直し対象事業を抽出しますが、抽出した事業を見直すためには基準が

必要です。評価者が公平な立場で、こういう基準で評価したということがないと評価される側も納得いかないということになります。そのためには共通した基準が必要です。いくつかの具体例をみていきましょう。

補助金評価の基準

　一つ目は、公益性です。ニーズが高いか、自治体の政策と合致しているか、住民の福祉向上につながるかです。二つ目に、公平性・透明性です。特定の団体に固定されているようなことがあってはいけないわけです。毎年その団体に自動的に支出されている。これはやっぱりおかしいですね。審査があって、選定があって決定されるということが大事です。三つ目に、行政関与の必要性というものです。行政が補助する必要があるか、対象団体は自立可能ではないか、他の民間団体で代替が可能ではないかということも見ていく必要があります。関連する例として、団体の事務局が役所内に置かれていて、その団体の会計から何からを実質、当該自治体職員が担っているような例が見受けられますが、原則、そのような形態はやめるべきです。一人の職員が自治体側として当該団体に補助し、それを使って団体側として団体を運営し、その実績報告書も、同じ職員が作成して自治体に報告しているという例です。まさにマッチポンプです。こうした形態から多くの不祥事が起こっています。補助や委託する先の団体は役所内から独立していることが原則です。

　四つ目に、補助の効果です。期待された効果が発揮されているのか、広く住民に普及するものか、一部の人達を利するようなことがあってはいけませんし、期待された効果がなければ補助自体を考え直さなくてはいけないということです。五つ目に、妥当性です。補助の金額・率は妥当か、対象経費、積算根拠は明確か、負担は必要不可欠か、負担割合は適切かという妥当性を見ていくということです。さらに神戸市の例では、重要度における優先性とか手段としての有効性とかも見ています。また、補助団体の財政状況からみ

た妥当性もありますが、これは大事です。補助対象先の話です。多くの自治体が補助したら終わりです。実績報告書はもらいますが、そこの団体がどういう状況かを把握していることは少ないです。その団体が何をやっているか知らないということは良くないと思います。どこまで踏み込めるかという問題はあるかと思いますが、公金を支出している以上はそこの団体が適切な団体なのかチェックする必要があります。怪しければ止めるべきです。そういうところまで見てほしいということです。まとめますと、①目的は適切か、②手段・方法は適切か、③効果があるのか、④補助対象団体は適切か、の大きくはこの四つが重要だと思います。具体的にどこまで細かく設定されるかについては各自治体の事情に応じて設定されれば良いと思います。

補助金適正化の視点

　以上のような視点によって見直しが必要と判断された補助金について、どう改善していくのかといったポイントについて述べたいと思います。
　一つ目に、補助金額・補助率の適正化です。金額や補助割合が適切かを考えるということです。時々、補助金は2分の1以内にしなさい、対象経費の半分は補助対象団体が持ちなさいと、もっと厳しい場合だと3分の1以下にしなさいと過去に補助金の見直しをした自治体ほどそういう基準が見受けられます。全く悪いということではないのですが、私は考え物だと思っています。いい事業、補助先であれば、別に10割補助であっても良いと思います。2分の1を自己財源で確保するのは大変なことです。あまり2分の1に拘るのはどうかと思います。ただ、それが何年も続くような既得権益化することはあってはならないということです。二つ目に、団体運営補助の原則禁止です。原則ということでケースバイケースでしょうが、私の実感では止めたほうが良いと思います。団体に漠然と何百万とか何十万とかを交付するということは適切ではないと思います。手間がかかっても事業費を積み上げていく

ことが良いと思います。三つ目に、適切な支出方法への転換として、そもそも補助金という形が良いのかということです。行政の直執行の方が良いとか、委託にしてはどうか等が考えられます。そもそも補助金ということが適切なのかどうかを考えるということです。四つ目に、交付先選定の適正化です。交付先の選定は公募制が原則です。既得権益化する補助金というのは大抵、非公募、選定審査を経ずに毎年決まった団体等に交付している例がほとんどです。例えば、社会教育関係団体への補助金に多く見られます。そこが全部悪いというわけではないのですが伝統的な団体ほど、いままで利益を受けてきたということは否めません。本当に必要な団体でしたら、申請してきます。審査も通ります。公募や審査を拒む団体ほど、いままで何の努力もせずに利益を享受してきた団体が多いです。五つ目に、補助交付先の財政状況の検証というものです。繰越金や内部留保、補助金に対する依存状況などを見ることです。補助金を交付した団体の支出先を検証すると補助金のほとんどがその上の県や国の上部組織への負担金という形の上納金になっているケースが少なくありません。その団体は何のためにあるのか、まるで上納するために補助金を出しているのかというような例も実際多く見受けられます。

　こういう例は前述の社会教育分野だけではなく、ありとあらゆる分野に存在します。皆さんの自治体でも必ず見直してください。かなりあるはずです。これだけでも大分違ってきます。これらはほとんどが法的義務の無い負担金です。こういうのは止めてもらって良いと思います。何とか協会とか連絡協議会とかがそうです。最後、六つ目に、再補助の原則禁止です。交付先の団体がまた別の団体に補助をするというものです。余程必要な場合を除けば、あまり認めるべきではありません。非効率なことが多いからです。

セグメント別見直しの勧め

　これまで述べてきたような、見直しの基準や視点を持って、補助金等を見

直していきますが、実際の見直しにあたっては、図8-1のようにセグメント別に見ていくことをお勧めします。特に、事例の「社会福祉協議会補助金」のような多くの内容を含んだ補助金は、このように分解して見ていく必要があります。基本的には、「業務の棚し」の時にも用いたようなマトリックスを完成していくことで、実態が明らかになります。

　事例の場合は、左の縦の列に「事業・活動」を並べ、右の横の列に、「地区」を並べていきます。このことによって、「地区」ごとに「事業・活動」が適切に行われているか、を確認することが出来ます。A地区で行われている活動がC地区で行われていない場合、なぜC地区で行われていないのかを確認します。C地区に需要がない場合は、理由が成り立ちますが、需要があるのに行われていない場合は何がしかの問題があることになります。また予算などの情報を追加していくことにより、予算の偏在も明らかになります。この作業を通じて不祥事が発覚することもあります。例えば、B地区では、事業計画書や実績報告書上は活動が行われたことになっているのに、実態を調べていくと、実際は行われておらず、地区役員が補助金を着服・横領していたというような例です。

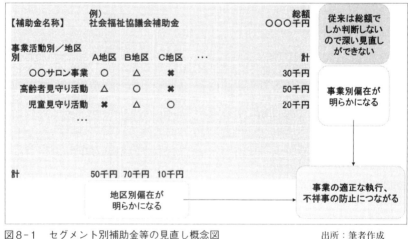

図8-1　セグメント別補助金等の見直し概念図　　　　　　　出所：筆者作成

このように不祥事とまではいかなくても、セグメント別に見ていくことで、必要のない地域に多額の予算が投入され、逆に必要な地域に予算が投入されていないような予算の偏在を見直し、適切な予算の積算も可能となります。真の予算査定とはこのような予算の適正配分に他なりません。一律10%カットというような査定が行われることが少なくありませんが、極めて乱暴な査定と言わざるを得ません。セグメント別に見直してこそ、本当の予算査定が出来るのです。

補助金等見直しの体制・様式について

　「補助金等見直し」の体制・様式については、第4章で述べました「事務事業見直しの体制・様式」が基本ですが、あえて4つのポイントを強調しておきたいと思います。一番目に、「事務事業の見直しの体制」と同様に、権限と専門性を兼ね備えた首長直轄のタスクフォース的な組織・機関によって見直すことが肝要ということです。議会にもしっかりと説明し、公に公開していく体制を採るべきです。二番目に、合理的・客観的・統一的な基準を設け、公正に見直すことが肝要です。特定の団体だけ適用したり対象外にしたりするような例外は決してつくってはいけません。このようなことをすれば二度と行革は信用されません。三番目に、「事務事業の見直しの様式」と同様に、「補助金等見直し」の様式もシンプルに、評価者、被評価者ともに負担を最大限減らすことが肝要です。最後に、膨大な数の補助金等を、単年度ですべて見直すことは不可能です。複数年単位で見直してもいいのです。また、一度見直したらお終いというものでもありません。不断の見直しが必要です。社会情勢に応じて見直すことが当たり前の組織風土であってほしいと思います。

参考文献

※石原信雄、嶋津昭監修「地方財政小辞典」（ぎょうせい、平成23年）
※横浜市総務局しごと改革室「負担金・補助金・交付金の見直しに関する指針」
　　（H27.2）
※※多賀町「補助金見直しガイドライン」（2018）
※神戸市「補助金見直しガイドライン」（2016）
※江南市「補助金等検討委員会資料」（2019）

第9章

使用料・手数料等歳入の見直し

はじめに

　自治体が行う行政サービスは、住民の福祉の増進を図るために税収や交付税を主な財源としています。ただ、数多くの行政サービスの中には、特定の住民がその便益を享受するものもあります。これらを全て税収等で賄うと、利用の頻度によって住民の間で不公平が生じてしまいます。そのため、受益者が特定できる行政サービスについては、使用料・手数料等を徴収することによって受益者に相応の負担を求めることができるようになっています。本章では使用料・手数料の基本的な考え方と、その算定や改訂を行う際に注意すべき事項を述べていきます。

使用料・手数料とは

　使用料・手数料を徴収する根拠は、地方自治法に定められています。手数料は、地方自治法第225条において「普通地方公共団体は、第二百三十八条の四第七項の規定（筆者注：行政財産の管理及び処分についての規定）による許可を受けてする行政財産の使用又は公の施設の利用につき使用料を徴収することができる。」と定められています。これに該当するものとしては、市民会館、会議室、市民プールの利用などが挙げられます。また、手数料は同第227条において「普通地方公共団体は、当該普通地方公共団体の事務で特定の者のためにするものにつき、手数料を徴収することができる。」と定められています。これに該当するものとしては、住民票や所得証明書などの証明書の発行手数料などが挙げられます。

　これら使用料・手数料の基本的な考え方としてとしては、次の３点が挙げられます。一つ目は「受益者負担の原則」です。これは、税とは異なり、特定の市民の特定の目的のためには相応の負担が必要との考えからきています。

二つ目は、「公平性、透明性の確保」です。行政財産という公的な資産を使用する公的サービスである以上、料金の算定については特定の受益者に対してのみ便益を与えてはならず、かつ、その料金の算定根拠を明示すべきものであると考えます。三つ目は、「類似施設間の調整」です。公民館など、主にその施設の周辺住民が利用すると想定される施設については、地域間の格差をつけるべきではなく、近隣地域・同種施設・民間施設と比較して、適正な料金設定をする必要があるためです。

使用料の算定方法

　使用料の算定をする機会としては、新規開業する施設の他、既存施設の使用料の見直しが挙げられます。この場合であっても市営住宅、道路等占有料、学校施設など法令等による算定方法が別途定められている施設や、上下水道会計、病院会計など独立採算制が求められる企業会計はそれぞれに定められた算定方法を用います。これらを除いた使用料の基本的な考え方を表す計算式は以下の通りです。

　　　　使用料　＝　料金原価（A）　×　受益者負担割合（B）

これらを細かくみていきましょう。

（A）料金原価

　料金原価の算定は、フルコストが原則です。フルコストとは、①ランニングコスト（維持・運営費用）と②イニシャルコスト（施設の取得にかかる費用）の合計です。ランニングコストは、当該施設の1年間の人件費、水道光熱費、維持補修費、委託費などの施設管理費の合計額です。既存の施設であれば実績値、新規施設であれば見込額を集計します。このうち、問題となるのが人件費です。人件費について、1年間に実際に支払った給与を単純に集計するのであれば、現場の実態を把握できるので実態に即した人件費を算定できま

す。ただし、その年々の異動によって給与総額が大幅に変動してしまうことで使用料の算定基礎も変動してしまうことから、施設に従事する定員を基礎とした標準額を算定している自治体が多いと思われます。標準額を算定する場合でも、全職員の平均給与を元にした金額の他、職種別、等級別の平均給与を算出する方法など、実態に即した算定方法を検討する必要があります。

イニシャルコストは建物や備品などの固定資産を使用期間に応じて計算した減価償却費の1年分を集計します。土地代については、仮にその土地を借りた場合、1年間の地代相当額を計上するという考え方もありますが、当該施設が使われなくなった場合でも別の施設のために転用できるため、イニシャルコストに含めない例が多いです。

上記方法にて1年間のフルコストを集計した上で、個別の単価を設定します。貸会議室など面積基準での計算例は以下の通りです。

①1㎡1時間当たり単価＝施設原価（年）÷床面積（㎡）÷年間利用可能時間

②1室1時間当たり単価＝①×利用面積

市民プールの利用料など、面積で按分できないものについては、利用人数を基にする方法も考えられます。具体的な計算例は以下の通りです。

一人当たり原価＝施設原価（年）÷延床面積×利用面積÷年間利用者数（定員）

（B）受益者負担割合

自治体による行政サービスを全て手数料で賄うことができるのであれば、自治体が行わなくとも民間が同種のサービスを担えるでしょう。ところが、住民へのサービスは公共性や採算面の問題で民間では提供できないサービスも多々あります。これら住民の生活には欠かせないサービスを展開するために、手数料だけでなく税金などを財源としてサービスを提供する必要が生じます。この手数料と税金等との割合をどのようにすべきかを表すのが受益者負担割合です。この割合は施設の特性や地域の実情に合わせるため、施設ごとに設定する必要があります。

受益者負担割合をどのように設定するかについては、2つの分類を軸に考えます。一つは必要性による分類です。これは、住民生活に対し、自治体が提供すべきサービスか否かを基準として考えます。必要性が高い、必需的なサービスは公費で賄う割合を高くし逆に必要性が低い、選択的なサービスについては手数料の割合を高めます。もう一つは市場性による分類です。これは、民間による同種・類似のサービスがあるか否かを基準として考えます。市場性が低く民間が参入しづらいが公益性の高いサービスについては公費で賄う割合を高くし、逆に市場性が高く、民間でも同種のサービスがあるのであれば、手数料の割合を高めます。

　この二つの考え方を縦軸と横軸にとり、それぞれ0％から100％まで任意の基準を設定します。その上で当該施設がどの分類に属するか判定し、施設の受益者負担割合を設定することになります。例えば、住民の日常生活には欠かせない（必要性が高い）が、民間では提供できない（市場性が低い）サービスについて受益者負担割合を0％とする、逆に、住民自身がよりよい生活をするために選択し（必要性は低い）、民間でも同様の施設がある（市場性が高い）ような場合は受益者負担割合を100％とするといったようなところです。図に示す

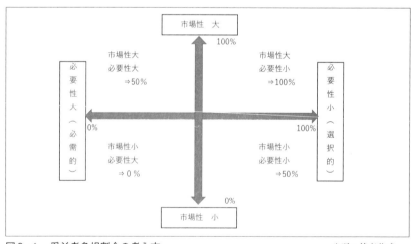

図9-1　受益者負担割合の考え方　　　　　　　　　　出所：筆者作成

と以下の通りです。

　図では判りやすくするため、０％と100％のみで表現していますが、この
必要性、市場性の割合を施設ごとに０％から100％の間で検討し、両者を足
して２で割ることで施設ごとの受益者負担割合を算出することになります。

手数料の算定方法

　手数料の算定についても基本的な考え方は使用料と同じです。手数料は公
のサービスの提供を受ける費用のうち、受益者負担相当額を徴収すべく料金
原価に受益者負担割合をかけて算定します。こちらも使用料と同様に、各種
法令により算定方法が決まっているものを除きます。この場合の料金原価に
ついては、人件費、システム利用料などの諸経費を集計し、１件当たりの処
理時間も考慮して算出します。

施設別行政コスト計算書について

　これまで見てきた使用料・手数料に関する料金原価を算定するための
フォームを一から作成すると手間がかかります。そのため、既存の制度であ
る新地方公会計制度を応用してはいかがでしょうか。新地方公会計制度は全
国のほぼ全ての自治体が統一的な様式で貸借対照表、行政コスト計算書と
いった財務書類を作成している制度です。この中の行政コスト計算書の
フォームに、少し手を加えます。

　行政コスト計算書は行政サービスにかかる諸費用から、対価性のある使用
料手数料等を控除した純行政コストを算出するものです。自治体全体の行政
コスト計算書から、該当する施設に関する諸費用や諸収入を抜き出しますが、
今回はあくまでも使用料算定のためのものですので、臨時的に発生する費用・

収入を除き、経常的な費用・収入のみ抽出します。

　費用については、①人にかかるコスト、②物にかかるコスト、③移転支出的なコスト、④その他のコストに分けて集計します。

①人にかかるコスト

　前述の料金原価でお話しした通り、その施設にかかる標準的な定員や工数を基準として人件費を算出します。この人件費には共済費など関連費用も含みます。その上で、将来発生する退職金や翌年度の賞与のうち、その年度に負担すべき金額を見込んで算出した、退職給与引当金繰入額や賞与引当金繰入額を計算し、施設ごとに按分して計上します。

②物にかかるコスト

　委託料などの物件費のほか、維持補修費、減価償却費を集計します。なお、指定管理者に支払う委託料については全額物件費とはせず、相手先から提出される委託料の内訳を元に、人件費など本来あるべき科目へ振り分けてください。減価償却費はその施設に関する建物や構築物、物品を固定資産台帳から抽出し、集計します。当然ながら資産の計上漏れがないか確認します。この過程で固定資産台帳に未計上のものがあれば追加し、もしくは計上済みのものであっても施設の現状と合わないものについては、その資産にかかる固定資産台帳自体の修正をする必要があります。

③移転支出的なコスト

　利用する団体に対する補助金や各種税金など、外部団体に支払う費用を集計します。

④その他のコスト

　その施設を建設するために借り入れた公債にかかる支払利息など、上記①〜③以外のその他の費用を集計します。

　施設にかかる費用を集計するには、財務システムから支出に関するデータを利用すると、抜け漏れを防ぎやすくなります。その際、予算科目や事業コードを基に、該当する施設に関する費用の拾い漏れがないよう、注意して下さい。また、最近は事務処理の効率化のために水道代・電気代といった経費の

支払いを一括で行い、支出伝票も1本で切る場合も多いかと思います。その場合は、所管課に問い合わせて施設ごとの水道代・電気代等を把握する必要があります。

　また、近年では1棟の建物の中に複数の用途を備えた複合施設が増えて来ています。この場合、該当する施設の床面積や利用者数などを元に減価償却費や水道代などを合理的に按分してください。

　料金原価を算定するのであればここまでで大丈夫ですが、せっかくなので、この施設の現状を把握するため、収入も拾い出して施設別行政コスト計算書も作成しましょう。こちらも実際の歳入データなどを元に、施設使用料だけでなく自販機手数料など、その他の収入も集計します。なお、収入からは国や都道府県から受ける補助金については原則として除きます。状況によっては経常的な補助金は収入に参入することも考えられますが、資産の取得にかかる補助金は除く必要があります。建物などの取得価額には補助金を財源とする場合であってもこれらを含んだ総額で計上するため、減価償却費の補助金相当額分だけ、費用が重複してしまうためです。

　これら費用と収入を集計すると、図9-2のような施設別行政コスト計算書が完成します。

　施設別行政コストの活用方法としては、①該当する施設の受益者負担率が低すぎないか、②公民館など同種の施設が複数ある場合、同種の施設にもかかわらず使用料に格差が生じていないか、③指定管理者を置いている場合、直営の同種施設と比較して当初の想定通りコスト削減できているか、などを調べるのに適しています。なお自団体に同種施設がない場合、比較するために近隣の自治体と共同して作成してはいかがでしょうか。その場合、人件費など各種費用の計上基準を協議し、同一とすることが重要です。

【経常費用】　　　　　　　　　　　　　　　　　　　　　　単位：円

区分		令和X年
人にかかるコスト	（1）人件費	25,000,000
	（2）退職手当引当金繰入額	1,000,000
	（3）賞与引当金繰入額	50,000
	小計	26,050,000
物にかかるコスト	（1）物件費	80,000,000
	（2）維持補修費	2,000,000
	（3）減価償却費	50,000,000
	小計	132,000,000
移転支出的なコスト	（1）社会保障給付	
	（2）補助金等	100,000
	（3）他会計等への支出額	
	（4）その他の移転費用	500,000
	小計	600,000
その他のコスト	（1）支払利息	10,000
	（2）回収不能見込計上額	
	（3）その他	100,000
	小計	110,000
経常行政コスト合計　a		158,760,000

【経常収益】

	令和X年
使用料・手数料	5,000,000
その他	
経常収益合計　b	5,000,000

純経常行政コスト①　（a-b）		153,760,000

【指標】

		令和X年
利用者数（人）		100,000
単位あたりコスト	純経常行政コスト÷利用者数（人）	1,538
市民1人あたりコスト		
受益者負担率（％）		3.15%

図9-2　施設別行政コスト　作成例　　　　　　　　　　　出所：筆者作成

減免措置について

　自治体の所有する施設について、必ず設定されているのがこの減免措置です。条例等により主に障害者や高齢者に対してこの規定が適用されることが多いと思います。これまで見てきた使用料・手数料の算定方法が透明であっても、減免規定が恣意的に運用されていれば元も子もありません。規定自体の表現があいまいで、かつ何年も改訂がなされていないような例も多く見受けられます。減免率も当時の担当者が設定したもののその根拠が示されず、現在の担当者も根拠の引継ぎを受けずにそのまま今に至るという例もあると聞きます。

　このような事例を防ぐため、減免規定は常に内容を精査し、必要であれば規定自体の改定を検討する必要があります。合わせて、個々の運用事例を精査し、規定に沿った運用となっているか、特定の団体に配慮していないかなど、使用料の見直しの機会に合わせて運用の見直しを行うことが必要でしょう。

おわりに

　人口減少の時代には施設を利用する人も減少することから、当然使用料も減少します。合わせて税収も減少していくため、現状の施設を今後も同様に維持すること自体限界がきていることをまずは認識しなければなりません。そのためこれまで通りの行政サービスを維持するためには、使用料・手数料の見直しについて避けられない状況となっています。とはいえ、住民としては使用料の値上げについてなかなか受け入れがたいものではあります。

　この手数料・使用料等の見直しをするにあたり、ポイントは3つあると考えます。一つ目は「透明性の確保」です。使用料等の算定根拠を開示するの

は当然ですが、減免措置の適用も公平性を考慮した上で同様にその根拠を明らかにする必要があります。二つ目は「定期的な見直し」です。施設の状況や利用実態が変化したにもかかわらず、長期間据え置きになっていないか、また、サービス提供側の費用に無駄がないかを定期的に見直したうえで使用料に反映させるべきと考えます。ただ、その際急激な値上げは避けるべきで、経過措置などで段階的に値上げをするよう、配慮が必要です。三つ目は「持続可能性」です。行政サービスを削減することに対して住民は拒否反応を示すものですが、そもそも施設自体本当に必要か、代替施設を用意できないか、可能であれば近隣自治体と共用できないか、等を検討していく必要があります。施設の統廃合・複合施設化は各地で進められていますが、先進自治体では、統廃合だけでなくPFIなど民間活力を導入し、既存の施設よりグレードアップした施設を建設して利用者数や住民の満足度を高めている例も見受けられます。最後に、施設の再配置を検討する際の根拠資料として、原則として全ての自治体で作成されている公会計情報を活用するのが近道であることをお伝えして、この章のまとめとさせて頂きます。

参考文献

愛知県一宮市「使用料・手数料の見直しに関する基本方針」（令和元年8月）
　　https://www.city.ichinomiya.aichi.jp/_res/projects/default_project/_page_/001/030/905/kihonhoushin.pdf

千葉県習志野市「習志野市使用料、手数料等の単価の積算基準（改訂版）」（平成31年1月）
　　https://www.city.narashino.lg.jp/material/files/group/17/sekisannkizyunn20191gatukaitei.pdf

第10章

公共施設等総合管理計画について

税理士　廣瀬良太

はじめに

　2022年（令和４年）８月より、総務省において「今後の地方公会計のあり方に関する研究会」が行われています。「今後の地方公会計のあり方に関する研究会（第１回）の開催について」では、地方公会計がテーマであるにもかかわらず議題として固定資産台帳に関する次の項目が掲げられています。（以下、議題より一部抜粋）

（１）地方公会計情報の一層の活用方法の検討

　・固定資産台帳の活用（公共施設マネジメント等）

（２）統一的な基準の検証・改善

　・固定資産台帳の精緻化（精度の底上げ、施設との紐付け）

　・固定資産台帳と他の台帳（公有財産台帳等）との連携

　本章は、公共施設等総合管理計画と地方公会計、固定資産台帳との連携について、これまでの経緯等をご紹介するとともに同研究会で議論されている固定資産台帳について今後における公共施設マネジメントへの活用方法をご紹介いたします。

これまでの公共施設マネジメント（公共施設等総合管理計画）

　これまでの公共施設マネジメント（公共施設等総合管理計画）は、表10-1のとおりです。筆者は、2012年（平成24年）に発生した笹子トンネル崩落事故を受けて、日本のインフラ施設でもこのような事故が起きたことにショックを強く感じました。老朽化は、震災と違って100％確実に起きる人災であります。(「朽ちるインフラ」より）公共施設マネジメントは各地方公共団体（各自治体）が限られた財源の中で、公共施設の老朽化に対し最大限の効果を発揮する必要があります。

表10-1　これまでの公共施設マネジメント(公共施設等総合管理計画)

年度	公共施設マネジメント(公共施設等総合管理計画)
H25	・国が「インフラ長寿命化基本計画」を策定
H26	・「公共施設等総合管理計画」策定要請(総務大臣通知) ・「公共施設等総合管理計画策定にあたっての指針」策定 　　　　　　　　　　(総務省自治財政局財務調査課長通知) ・公共施設等総合管理計画作成に要する経費に対する 　特別交付税措置創設(〜H28)
H28	・「公共施設マネジメントの一層の推進について」発出 (財務調査課事務連絡)※事例集の公表等を通知 ≪総合管理計画の策定期限(改革工程表)≫
H29	・「公共施設等総合管理計画策定にあたっての指針」改訂 (財務調査課長通知)
H30	・「公共施設等の適正管理の更なる推進について」発出 (財務調査課事務連絡)※総合管理計画見直しの考え方等を周知
R2	・「令和3年度までの公共施設等総合管理計画の見直しに当たっての留意事項について」発出 (財務調査課事務連絡) ※総合管理計画の見直しに当たって記載すべき事項等を周知
R4	≪個別施設計画の策定期限(改革工程表)≫
R5	≪公共施設等総合管理計画見直し期限(改革工程表)≫

出所：総務省資料「これまでの公共施設マネジメントに係る経緯等」より筆者作成

　2013年(平成25年)に国土交通省より老朽化対策に関する取り組みとして「インフラ長寿命化基本計画」がとりまとめられました。今後、同計画に基づき、国や自治体レベルで行動計画の策定を進めることで、全国のあらゆるインフラの安全性の向上と効率的な維持管理を実現することとされました。同計画の概要は次のとおりです。

・個別施設毎の長寿命化計画を核として、メンテナンスサイクルを構築
・メンテナンスサイクルの実行や体制の構築等により、トータルコストを縮減・平準化
・産学官の連携により、新技術を開発・メンテナンス産業を育成

2014年（平成26年）に総務省より「公共施設等総合管理計画の策定にあたっての指針」がとりまとめられました。各自治体は、公共施設等総合管理計画（総合管理計画）の策定に取り組むこととなりました。総合管理計画は、公共施設等の総合的かつ計画的な管理を行うための中期的な取り組みの方向性を明らかにする計画として、所有施設等の現状や施設全体の管理に関する基本的な方針を定めるものです。総合管理計画に基づく老朽化対策の推進イメージは次のとおりです。

（1）公共施設等の管理

・長期的視点に立った老朽化対策の推進

・適切な維持管理・修繕の実施

・トータルコストの縮減・平準化

・計画の不断の見直し・充実

（2）まちづくり

・PPP/PFIの活用

・将来のまちづくりを見据えた検討

・議会・住民との情報及び現状認識の共有

（3）国土強靭化

・計画的な点検・診断

・修繕・更新の履歴の集積・蓄積

・公共施設等の安全性の確保

・耐震化の推進

　また総合管理計画に基づき、各施設所管省庁により個別施設計画の策定が要請されました。個別施設計画は、個別施設ごとの具体的な対応方針を定める計画として、点検・診断によって得られた個別施設の状態や維持管理・更新等に係る対策の優先順位の考え方、対策の内容や実施時期、対策費用を定めるものです。個別施設計画は令和4年度までに策定することが各自治体に対して求められています。

　2020年（令和2年）に総務省より「令和3年度までの公共施設等総合管理

計画の見直しに当たっての留意事項について」が発出されました。令和3年度までに、個別施設計画等を踏まえて総合管理計画の見直しを行うよう各自治体へ要請したものです。なお、新型コロナウィルス感染症等により令和4年度以降となる場合は、令和5年度までとされています。

固定資産台帳に係る経緯等

　民間企業では資産情報の管理を行う上で必須な固定資産台帳ですが、自治体では最近まで整備が進まない状況でした。

　総務省では、自治体における固定資産台帳の整備等に関して、「地方公共団体における固定資産台帳の整備等に関する作業部会」（「部会」）が研究会の下に設置され、実務的な検討が行われました。2014年（平成26年）に部会の活動成果である「地方公共団体における固定資産台帳の整備等に関する作業部会報告書」（「部会報告書」）が公表されました。

　2014年（平成26年）、総務省より地方公会計の整備促進については、「今後の新地方公会計の推進に関する研究会報告書」において、固定資産台帳の整備と複式簿記の導入を前提とした財務書類の作成に関する統一的な基準が示されました。これにより全国の自治体は固定資産台帳の整備を進めることとなりました。この時に固定資産台帳の整備にあたり示された手順書が「資産評価及び固定資産台帳整備の手引き」（台帳手引）です。台帳手引は現在、他の手順書等と統合され「統一的な基準による地方公会計マニュアル」とされています。

　固定資産台帳は、部会報告書と台帳手引で、それぞれ次のとおり定義されています。

（1）部会報告書

　固定資産台帳とは、「固定資産の管理のために使用する補助簿であって、

品目ごとに取得価額、償却額計算に必要な要素、償却額、同累計、償却後の帳簿残高、廃棄または売却に関する記録などを記入する。固定資産台帳は固定資産の種類別に土地台帳、建物台帳、機械台帳、備品台帳などにわけることができる。」（神戸大学会計学研究室編「第三版　会計学辞典」より）とされています。

（2）台帳手引

　固定資産台帳とは、固定資産を、その取得から除売却処分に至るまで、その経緯を個々の資産ごとに管理するための帳簿で、所有する全ての固定資産（道路、公園、学校、公民館等）について、取得価額、耐用年数等のデータを網羅的に記載したものです。固定資産は、1年限りで費消される費用と異なり、その資産が除売却されるまで長期にわたり行政サービス等に利用されることから、会計上の価額管理を行う必要があります。

　部会報告書では、固定資産台帳の整備に関する課題が記されています。また台帳手引では、固定資産台帳を公共施設マネジメントへ活かすための活用方法が記されています。

（1）部会報告書

　部会報告書では、固定資産台帳の整備に関する課題等として、取得価額や財源が不明な事例が多いこと、資産評価に専門的な知識が求められること、人的・財政的負担が大きいこと、具体的な活用方法が見えず費用対効果の面で整備に躊躇していること、整備の異議や利用価値の理解が進まず庁内連携に苦慮していること、などが挙げられています。同報告書の参考資料として、固定資産台帳の整備に関する課題等として次の事項が挙げられています。

①整備済団体

・取得価額や財源が不明である事例も多く、数多くの資産の洗い出しや照合、資産の評価に時間を要した。

・資産の評価に専門的かつ広範囲な知識が求められた。

・従来の財産管理システムでは管理対象外であった道路等のインフラ資産に

ついて、膨大な作業量が発生するとともに、関係課への調査に時間を要した。

・資本的支出・修繕費の区分、事業用資産・インフラ資産の区分、耐用年数の設定に苦慮した。

・毎年度の管理（更新）の作業量が膨大である。

・担当者の人事異動により管理（更新）に苦慮している。

・外部委託しているが、毎年度の管理経費を要するため、財政的な負担がある。

・整備後に台帳の登録漏れが判明し、再調査を実施した。

②整備中又は未整備団体

・資産の洗い出しや照合、資産の評価に時間を要する。

・特に道路等のインフラ資産については、取得価額が不明なものも多く、評価額の算定に膨大な作業を要する。

・整備に係る人的・財政的負担が大きいため、整備の目途が立っていない。

・具体的な活用方法が見えない中、費用対効果の面で固定資産台帳の整備にとりかかるのを躊躇している。

・庁内関係課に対して、固定資産台帳の整備の意義や利用価値を理解してもらうことが困難で、連携に苦慮している。

・必要性は理解しているが、担当が他業務と兼務していることもあり、人員不足で取りかかることができない。

・専門的な知識を持った職員が不足している。

・合併前団体ごとに台帳の整備状況が相違しており、その集約作業に膨大な時間と労力を要する。

（2）台帳手引

　現行制度上、各地方公共団体では、地方自治法（昭和22年法律第67号）に規定されている公有財産を管理するための公有財産台帳や個別法に基づく道路台帳等の各種台帳を備えることとなっています。これらの台帳は、主に数量面を中心とした財産の運用管理、現状把握等を目的として備えることとさ

れており、資産価値に係る情報の把握が前提とされていない点で固定資産台帳と異なります。また、これらの台帳を個々に備えることとなっているものの、全ての固定資産を網羅する台帳は整備することとなっていないのが現状です。

　将来世代と現世代の負担公平性に関する情報や施設別・事業別等のセグメント別の財務情報をあわせて示すこと等により、個別の行政評価や予算編成、公共施設の老朽化対策等に係る資産管理等といった活用につなげるためにも、同台帳の整備は重要であり、民間事業者によるPPP／PFI事業への参入促進にもつながると考えられます。

　さらに、総務省が策定及び見直し・充実を要請している「公共施設等総合管理計画」に関連して、公共施設等の維持管理・修繕・更新等に係る中長期的な経費の見込みを算出することや、公共施設等の総合的かつ計画的な管理に関する基本的な方針等を充実・精緻化することで固定資産台帳の活用につながります。

　このように、固定資産台帳を整備することが目的ではなく、整備後の同台帳の活用を念頭に置いて、整備を進めていくことが重要となります。

　また、前述のとおり現行制度における各種台帳については、その目的や構造等において固定資産台帳との相違点も多くありますが、将来的には一体的な管理を行うようにすることが効率的な資産管理という観点からも望ましいため、既存の各種台帳から可能な限りデータを取得した上で、将来的な一元化を見据えて固定資産台帳を整備することも考えられます。

　特に、主として財産の運用管理を目的とする公有財産台帳等については、固定資産台帳と内容が重複する部分も多く、相互の整合性を保持し、効率的な管理を図るためにも、例えば資産番号等を共用してリンクさせることが望まれます。

公共施設マネジメントの今後

　公共施設マネジメントの今後を考えていく上では、総務省の「今後の地方公会計のあり方に関する研究会」内での公表資料が参考となります。

　地方公会計の活用に関する今後の進め方について（令和4年10月19日総務省自治財政局財務調査課）に、地方公会計の「整備」と「活用」の状況認識についての記載があります。「整備」はほぼ全ての自治体が完了していますが、「活用」はあまり進んでいません。「統一的な基準」による財務書類の「活用」は、令和3年度アンケートによると、「財務書類や固定資産台帳の情報を基に、各種指標の分析を行った」団体は989団体（55.3%）と5割を超える程度であり、また、活用が期待される「公共施設等総合管理計画又は個別施設計画の策定、改訂」は408団体（22.8%）、「公共施設の見直しの際の検討材料」は61団体（3.4%）にとどまっています。地方公会計の活用は、分析については一定の進捗が見られるものの、公共施設マネジメント等の活用が特に期待される分野では、低水準にとどまっているように見えます。

　なぜ、「活用」が進んでいないのかについては、いくつかの仮説があります。例えば、財務書類や固定資産台帳に記載されている「情報」（資産価格、老朽化の状況等）は活用されていますが、財務書類、固定資産台帳「のみ」を参照しているわけではなく、他の法定の資産台帳等も参照しています。そのため、地方公会計を「活用」していると認識していないのではないかという仮説です。また、公共施設マネジメントにおいて、マクロベースの老朽化状況の分析等は行われているものの、個別施設に係る集約・統合化、改修等の老朽化対策の選択肢について、中長期的なトータルコストを踏まえた検討まで至っていないのではないかという仮説です。

　財務書類の内訳分析として、有形固定資産と減価償却累計額があります。これらの数値の内訳を分析することで、公共施設等の適正管理のための具体的対策（更新・統廃合・長寿命化など）の推進において、議会説明・住民理

解の促進に有益なデータが得られるのではないかというものです。分析例と
して、施設類型ごと（学校、図書館、庁舎など）に分析することで、同一類
型の施設での横比較を基にして、老朽化対策の優先順位を判断し、客観的デー
タに基づく説明ができます。また、合併後の市町村を、旧市町村の区域ごと
に分析することで、老朽化が進んでいる施設が多く存在する区域を判断し、
当該区域を含めた全区域における施設の適正配置を検討する際の判断材料と
することができます。有形固定資産の額（取得価額等）に対する減価償却累
計額の比率に着目することにより、保有している資産の経年の程度を把握す
ることができます。

　セグメント分析においては、地方公会計の情報を公共施設マネジメントに
活用していくことが重要です。公共施設マネジメントへの活用策としては、
施設別の財務書類を作成しコスト分析等を行うことにより、施設の維持管理
の方針の検討、統廃合の検討、受益者負担の適正化の検討等に役立つことが
想定されます。施設別セグメント分析は、公共施設マネジメントの分野にお
いて有益な情報を得られるものだと考えられることから、今後、各地方公共
団体において、固定資産台帳は施設別の統廃合等の検討により公共施設等総
合管理計画の進捗や改訂・充実等に役立てるなど、資産管理に積極的に活用
されることが期待されます。公共施設等の老朽化対策は、自治体にとって喫
緊の課題であり、公共施設等適正管理推進事業を活用した集約化・複合化、
長寿命化、脱炭素化等の取組を進める上で、施設別セグメント分析を行うニー
ズがあります。「統一的な基準による地方公会計マニュアル」においては「セ
グメント別財務書類の作成手順」の例が提示されておりますが、行政コスト
計算書等を作成するに当たっての個別コストの按分方法等について詳細に記
載している一方、ライフサイクルコスト分析については事例紹介にとどまっ
ています。なお、ライフサイクルコスト（lifecycle cost、略してLCC）とは、
公共施設マネジメントの場合、公共施設やインフラなどの費用を、イニシャ
ルコストである建設コスト（設計、新築、工事監理など）の他、運用コスト（光
熱水など）、保全コスト（維持管理、修繕等など）及び解体処分コスト（解体、

廃棄処分など）をトータルで考えたものです。

　老朽化対策が喫緊の課題であることを踏まえ、施設別セグメント分析をまずは進めていくことが考えられます。その際、中期的な維持管理経費、大規模改修等、ライフサイクルコストを含めた分析の手法についても整理することとし、自治体のニーズ調査、専門的観点からの議論等をさらに行うことが考えられます。総務省と地方公共団体金融機構の共同事業として、団体の状況や要請に応じてアドバイザーを派遣する制度があります。この制度は、地方公共団体の経営・財務マネジメントを強化し、財政運営の質の向上を図る目的があります。従来は公営企業のアドバイザー派遣が主でしたが、最近では地方公会計の整備・活用や、公共施設等総合管理計画の見直し・実行（公共施設マネジメント）による派遣も可能となっており、活用事例も出ております。

固定資産台帳を公共施設マネジメントへ段階的に活用する

　今後、自治体は固定資産台帳を公共施設マネジメントへ段階的に活用していくことが考えられます。

　現在、ほぼ全ての自治体が活用するケースとしては、

・指標分析等（有形固定資産減価償却率の算定を定期的に県及び国へ報告する）

・総合管理計画の見直し項目対応（有形固定資産減価償却率の推移などを盛り込む）

があります。有形固定資産減価償却率とは、有形固定資産のうち、償却資産の取得価額（分母）に対する減価償却累計額（分子）の割合を計算することにより、耐用年数に対して資産の取得からどの程度経過しているのかを全体として把握するための指標です。地方公会計の財政指標の一つとして活用されています。例えば東京都町田市では、この有形固定資産減価償却率を公共施

設マネジメントへ活用している事例として、施設類型別の有形固定資産減価償却率を算出しています。筆者が携わった自治体の公共施設等総合管理計画の見直しにおいても、施設類型別の有形固定資産減価償却率を算定しました。

　また、国（総務省）が早い段階で全ての自治体で活用してほしいと考えていることが想定されるケースとしては、

・地方公会計財務諸表との連携（有形固定資産・減価償却累計額）
・施設別行政コスト計算書の作成

があります。

　さらには、今後国が積極的に各自治体で取り組んでほしい（中期的には各自治体の財政問題への解決等に寄与する、すなわち自治体経営に活かせる）と考えていることが想定されるケースとしては、

・ライフサイクルコスト分析
・施設別行政コスト計算書による予算編成への活用

があります。先進自治体の事例としましては、静岡県浜松市の取組（ライフサイクルコストまでを含めた施設建設の検討）があります。同市は、これまで予算編成で施設の新規建設を議論する場合、従来はイニシャルコストを中心に議論が行われており、将来の維持管理費用や更新費用（ライフサイクルコスト）までを含めた議論が必ずしも十分ではありませんでした。そこで新規建設施設に関する予算編成に際して、施設別行政コスト計算書（試算）を審査資料として活用しました。これにより、予算編成において、施設の維持管理費用等のライフサイクルコストまでを含めた総合的な議論が行われたとのことです。

　いずれの段階における活用を行うにしても、その前提としては、固定資産台帳を地方公会計の補助簿として捉えるだけではなく、公共施設マネジメントに資するため、固定資産台帳の更新を行うことが必須です。

　筆者は総務省の「地方公共団体の経営・財務マネジメント事業　アドバイザー（公会計・公共施設関係）」です。これまで複数の地方公共団体における基準モデルや統一的な基準による財務諸表導入時における固定資産台帳整

備、「個別施設計画」の策定支援業務（筆者注. 個別施設計画には建物系の他、インフラ資産（道路、河川等）がありますが、本章では建物系に限定します）及び「公共施設等総合管理計画」の見直し支援業務に従事してきました。

　筆者は複数の地方公共団体における公会計固定資産台帳の整備支援業務に携わり、現在も地方公会計の財務諸表作成支援業務を通して公会計固定資産台帳の更新支援業務に従事しています。固定資産台帳の更新は、同台帳の更新を全庁体制で行っている自治体や、地方公会計や施設関係の担当者で行っている自治体と、各地方公共団体によって様々です。

　総務省「地方公共団体における固定資産台帳の整備等に関する作業部会報告書」（2014）から10年が経とうとしています。しかし、当初の目的である「資産情報を行政経営に活かす」ことが達成できていません。自治体の現場の声は、部会報告書の頃（10年前）から今も変わっていないものと推察されます。各自治体によって固定資産台帳の精度はバラバラであり、固定資産台帳の更新は各自治体の力量に任せるという現状では各自治体間における比較可能性が確保できません。自治体の固定資産台帳は公表を原則としていますが、どの自治体も必要最低限の固定資産台帳に関する情報を公開しているに留めているように感じます。もっと住民に分かりやすくするために解説を加える等の工夫が必要なのではと感じています。地方公会計だけでなく公共施設マネジメントに資するための固定資産台帳とするためには、一定水準以上の専門家が入って行うべきではないでしょうか。今後、総務省において「地方公共団体における固定資産台帳の更新に関する作業部会（仮称）」を開催し、各地方公共団体が有する固定資産台帳をあるべき姿（公共施設マネジメントに資するもの、他地方公共団体との比較可能なもの等）へ期限を定めて更新すべきではないでしょうか。

参考文献

※総務省「今後の地方公会計のあり方に関する研究会」(2022 ～ 2023予定)

※根本祐二「朽ちるインフラ：忍び寄るもうひとつの危機」日本経済新聞出版社
　　(2011)

※国土交通省ホームページ「インフラ長寿命化基本計画」(2013)
　　https://www.mlit.go.jp/sogoseisaku/sosei_point_mn_000010.html

※総務省ホームページ　公共施設等総合管理計画の策定にあたっての指針の策定
　　について(2014)
　　https://www.soumu.go.jp/main_content/000287574.pdf

※総務省ホームページ　「公共施設等総合管理計画の策定にあたっての指針」の概
　　要(2014)
　　https://www.soumu.go.jp/main_content/000287575.pdf

※総務省「地方公共団体における固定資産台帳の整備等に関する作業部会報告書」
　　(2014)

※総務省「統一的な基準による地方公会計マニュアル」(令和元年8月改訂)

※一般財団法人建築保全センター「建築物のライフサイクルコスト　第2版(平成
　　31年版)」(2019)

第11章

公営企業（水道事業）のマネジメント

株式会社日水コン　平田明寿

はじめに

　本章では、公営企業のマネジメントについて、特に水道事業に着目して説明します。

　最近では、令和4年9月に発表された厚生労働省の組織見直しに合わせて、水道行政の国土交通省と環境省への移管が話題になりました。それだけでなく、大規模な自然災害が発生した際にはライフラインとしての水道の役割に注目が集まり、自然災害ではないものの、令和3年10月に発生した和歌山市の水管橋事故では施設等の老朽化・劣化に対する維持管理の重要性が再認識されました。さらに、平成30年12月の水道法改正において、官民連携の推進方策として水道施設運営権を民間事業者に設定できる方式（コンセッション方式）が認められた際には、「水道事業の民営化」に関して様々な議論が行われたことは記憶に新しいと思います。

　そこで、公営企業の位置付けや最近の国の施策などを整理したうえで、水道事業を取り巻く環境や今日的な課題を示し、経営資源（ヒト、モノ、カネ）のマネジメントの視点での対応について整理していきます。

公営企業・地方公営企業とは？　水道事業とは？

　公営企業は、地方公共団体が地方財政法第六条に基づいて特別会計を設けて運営される事業のことで、それ自体が法人格を持たず地方公共団体に帰属しています。具体的には地方財政法施行令第四十六条に示されています。これらには、地方公営企業法第二条の適用を受ける形態とそれ以外の形態があり、地方公営企業法の適用を受ける形態は地方公営企業と呼ばれます。地方公営企業は、都道府県および市区町村が経営し、法人格を持たず、一般会計（行政予算）とは切り離された特別会計での独立採算制が採られています。

また、公営企業のうち下水道事業と簡易水道事業は、地方公営企業法の規定を適用しなくてもよい事業であり、多くは特別会計で行われていましたが、そのサービスを持続的・安定的に提供するためには、経営情報の的確な把握や経済性の発揮、企業間での経営状況の比較等が必要であるという考えに基づいて、総務省では地方公営企業法の適用と公営企業会計の採用を推進しています。

表11-1　地方財政法、地方財政法施行令、地方公営企業法からの抜粋

【地方財政法】

（公営企業の経営）

第六条　公営企業で政令で定めるものについては、その経理は、特別会計を設けてこれを行い、その経費は、その性質上当該公営企業の経営に伴う収入をもつて充てることが適当でない経費及び当該公営企業の性質上能率的な経営を行なつてもなおその経営に伴う収入のみをもつて充てることが客観的に困難であると認められる経費を除き、当該企業の経営に伴う収入（第五条の規定による地方債による収入を含む。）をもつてこれに充てなければならない。但し、災害その他特別の事由がある場合において議会の議決を経たときは、一般会計又は他の特別会計からの繰入による収入をもつてこれに充てることができる。

【地方財政法施行令】

（公営企業）

第四十六条　法第六条の政令で定める公営企業は、次に掲げる事業とする。
一　水道事業　　　　二　工業用水道事業　　　三　交通事業　　　四　電気事業　　　五　ガス事業　　　六　簡易水道事業　　　七　港湾整備事業（埋立事業並びに荷役機械、上屋、倉庫、貯木場及び船舶の離着岸を補助するための船舶を使用させる事業に限る。）　　　八　病院事業
九　市場事業　　　十　と畜場事業　　　十一　観光施設事業
十二　宅地造成事業　　　十三　公共下水道事業

【地方公営企業法】

（この法律の適用を受ける企業の範囲）

第二条　この法律は、地方公共団体の経営する企業のうち次に掲げる事業（これらに附帯する事業を含む。以下「地方公営企業」という。）に適用する。

一　水道事業（簡易水道事業を除く。）　　二　工業用水道事業

三　軌道事業　　四　自動車運送事業　　五　鉄道事業

六　電気事業　　七　ガス事業

出所：e-GOV　法令検索　https://elaws.e-gov.go.jp/

　ここで水道事業に着目すると、地方公営企業法が適用される地方公営企業であり、事業の進め方は水道法に定められています。水道法の第一条には「この法律は、水道の布設及び管理を適正かつ合理的ならしめるとともに、水道の基盤を強化することによつて、清浄にして豊富低廉な水の供給を図り、もつて公衆衛生の向上と生活環境の改善とに寄与することを目的とする。」と記されており、水道法は施設の布設・管理法であり、清浄・豊富・低廉を三原則とすることが明確に示されています。

　また、公的施設の管理という視点で水道事業を考えてみます。下表に示すとおり、公的施設はその用途などにより公共施設、公用施設、公益施設、その他に分類でき、また人工的な構造物によるものと自然の地形等によるものでも分類できます。

　さらに、施設の管理という視点では、水道事業は事業法（水道法）と下水道事業は公物管理法（下水道法）となります。公物管理法は公共施設を行政が自ら管理する際の基準と施設利用者に課す条件等（公権力の行使）で構成されており、事業法は事業者が公共・公益サービスを提供する際の行政への申請及び認可等の条件等（安定したサービス提供を担保）で構成されています。

　上下水道局などの様に、組織的には一体的に取り扱われることが多い上下水道事業ですが、その施設の位置付けや施設を管理する法律などは異なって

いますので、注意が必要です。

表11-2　公的施設の分類

	公共施設		公用施設	公益施設	その他
人工	**下水道** 道路 公園 港湾　等	**上水道** 鉄道　等	庁舎 宿舎　等	教育施設 医療施設 廃棄物処理施設 公営住宅　等	電気通信施設 熱供給施設　等
自然	河川 海岸　等	－	－	－	－
	公物管理法	それぞれの 事業法	－	－	それぞれの 事業法

最近の国の施策について

　水道事業は水道法に基づいて運営されていることを説明しましたが、近年の国の施策として、水道法改正と水道行政の移管について説明します。

　まず、水道法改正について、平成30年12月に水道の基盤の強化を図るための施策の拡充を内容とする「水道法の一部を改正する法律案」が成立し、令和元年10月１日に施行されました。この改正水道法では、法の目的を「水道の計画的な整備」から「水道の基盤の強化」に改めるとともに、広域連携の推進、適切な資産管理の推進、官民連携の推進、指定給水装置工事事業者制度の改善について規定しています。ここでは「官民連携の推進」に着目して説明します。

　政府全体の取組として、人口減少の中で、安定的な水道事業の経営を担保し、効率的な整備・管理を実施するため、地域の実情に応じて、広域化に加えて、多様な官民連携の活用を検討することが求められています。官民連携では、水道事業の持続性、公共サービスの質の向上に向けて取り組むものとして捉えるべきであり、水道事業及び水道用水供給事業を担う地方公共団体

は置かれた状況に応じ、長期的な視点に立って、優れた技術、経営ノウハウを有する民間企業、地域の状況に精通した民間企業との連携を図っていくことは、事業の基盤強化に有効な方策の一つであると位置づけられています。

改正水道法に基づき令和元年9月に策定された「水道の基盤を強化するための基本的な方針」においても、官民連携について「水道の基盤の強化を図る上での有効な選択肢の一つ」とし、「官民連携の活用の目的を明確化した上で、地域の実情に応じ、適切な形態の官民連携を実施することが重要」とされています。水道事業及び水道用水供給事業における官民連携には、個別の業務を委託する形のほか、複数の業務を一括して委託する包括業務委託や、水道の管理に関する技術上の業務について、水道法上の責任を含め委託する第三者委託、DBO[注1]、PFI[注2]の活用など様々な連携形態があります。これに加えて、水道の基盤の強化のための手法の一つとして、多様な官民連携の選択肢を広げる観点から、PFI法に基づく「コンセッション方式」について、公の関与を強化し、地方公共団体が水道事業者等としての位置付けを維持しつつ、厚生労働大臣等の許可を受けて、水道施設の運営権を民間事業者に設定できる方式を実施可能としました。

つぎに、厚生労働省の感染症対応能力強化に向けた組織見直しの一環として、水道行政を移管する方針が令和4年9月に発表されました。具体的には、水道整備・管理行政は国土交通省が一元的に所管し、水管理・国土保全局において下水道行政と一体で運営する方向で検討が進むとみられ、水道水質基準の策定等は環境省が所管し、水・大気環境局に移管されることが予想されており、令和6年4月の移管を目指して進められています。

過去の経緯を少し振り返ると、飲料水の衛生行政を厚生省が担い、工事に関する技術的事項を建設省が所管していましたが、昭和32年1月の閣議決定により水道行政の三分割（上水道：厚生省、下水道：建設省、工業用水道：通商産業省）が行われ、以降、水道行政は一貫して厚生労働省（旧厚生省）が担ってきました。今回の水道行政の移管は約70年ぶりの体制の変化になり、水道事業が抱える問題や課題に対して、国土交通省が持つ技術力（土木技術

者による直轄事業を実施）の活用、地下水・雨水利用・下水道の処理水理用等も含めた水循環システムとしての取組に、期待が寄せられています。

水道事業を取り巻く環境の変化

　水道事業は98.0%の普及率を達成し、これまでの水道の拡張整備を前提とした時代から既存の水道の基盤を確固たるものとしていくことが求められる時代に変化しています。しかし、以下の課題に直面しています。

　水道事業の内部環境の変化では、「①老朽化の進行」「②耐震化の遅れ」「③多くの水道事業者は小規模で経営基盤が脆弱」「④計画的な更新のための備えが不足」が挙げられます。

①老朽化の進行

　昭和50年ごろまでの高度経済成長期に整備された施設の経年化や老朽化が進行しています。水道資産の大部分を占める管路では、年間20,000件を超える漏水・破損事故が発生しており、管路更新などは進められているものの、更新率は減少から横ばい傾向（令和元年度水道統計での全国平均：0.67%）にあり、法定耐用年数を超えた管路の割合が年々上昇しています（令和元年度水道統計での全国平均：19.1%）。

②耐震化の遅れ

　令和2年度の厚生労働省の報告によれば、浄水施設の耐震化率は38.0%、配水池の耐震化率は60.8%、基幹管路の耐震適合率は40.7%、耐震化率は26.8%となっており、南海トラフ地震など発生確率が高くなっている状況下においては、決して高い値ではなく、耐震化は進んでいない状況といえます。広域的な大規模震災時には断水が長期化するリスクを抱えている状況です。

③多くの水道事業者は小規模で経営基盤が脆弱

　水道事業は主に市町村単位で経営されており、多くの水道事業が小規模で経営基盤が脆弱といえ、団塊世代職員の大量退職や行政組織の合理化のため

の人員削減の影響を受けて特に職員は少なく、技術の継承だけでなく、適切な資産管理や事業運営などの日常業務や危機管理対応にも支障をきたすことになります。

さらに、人口減少社会を迎え、経営状況が悪化する中で、水道サービスを継続できない状況も懸念されます。

④計画的な更新のための備えが不足

全国の水道資産規模は40兆円を超え、これらの水道施設を更新していくためには膨大な費用と時間を要することになります。しかし、約3分の1の水道事業者において、給水原価が供給単価を上回っている状況（原価割れ）となっており、計画的な更新のために必要な資金を十分確保できていない事業者が多い状況です。

また、水道事業を取り巻く外部環境の変化としては、「①人口や水需要の減少」「②様々なリスクの高まり」が挙げられます。

①人口や水需要の減少

日本の人口の推移は少子化傾向からすでに減少傾向に転じており、2050年には1億人程度まで減少すると推計されています。厚生労働省の報告では水需要動向も減少傾向と見込まれ、有収水量は2050年には現在よりも4割弱減少する（2000年：約4,100万m³/日が2050年：約2,700万m³/日に）と推計されています。

水道事業は固定費が大部分を占める装置産業であり、給水量にかかわらず事業費用が減少しないという特性を持つ一方、給水量の減少は直接的に料金収入の減少に繋がります。さらに、給水量が減少することから、水道の施設規模も縮小していくことを考慮すれば、更新事業において現状を維持した規模での単純な更新は、施設利用率が低下するなど、将来的な事業効率の悪化を引き起こすことになります。人口減少を踏まえた水道施設の再構築は、都市化の程度に関わらず、全ての水道事業者が将来直面する課題といえます。

②様々なリスクの高まり

　下表に示すとおり、甚大な地震や風水害等の自然災害の発生が増加していることに加えて、水源の汚染（原水水質の悪化等）、ダム等の水資源開発施設での利水安全度の低下（気候変動の影響もあり渇水の影響を受けやすい）により、水道事業に対するリスクは増加していることから、それらへの対応も必要となっています。

表11-3　近年の自然災害による水道の被害状況

	災害名等	発生時期	断水戸数	断水継続期間
主な地震による被害	阪神・淡路大震災	平成7年1月17日	約130万戸	約3ヶ月
	新潟県中越地震	平成16年10月23日	約13万戸	※約1ヶ月
	新潟県中越沖地震	平成19年7月16日	約5.9万戸	20日
	岩手・宮城内陸地震	平成20年6月14日	約5.6千戸	※18日
	東日本大震災	平成23年3月11日	約256.7万戸	※約5ヶ月
	長野県神城断層地震	平成26年11月22日	約1.3千戸	25日
	熊本地震	平成28年4月14・16日	約44.6万戸	※約3ヶ月半
	鳥取県中部地震	平成28年10月21日	約1.6万戸	4日
	大阪府北部を震源とする地震	平成30年6月18日	約9.4万戸	2日
	北海道胆振東部地震	平成30年9月6日	約6.8万戸	※34日
	福島県沖の地震	令和3年2月13日	約2.7万戸	6日
	福島県沖の地震	令和4年3月16日	約7.0万戸	7日
主な大雨等による被害	大雪等（北陸地方、中国四国地方）	平成30年1〜2月	約3.6万戸	12日
	豪雨（広島県、愛媛県、岡山県等）	平成30年7月	約26.3万戸	38日
	台風第21号（京都府、大阪府等）	平成30年9月	約1.6万戸	12日
	台風第24号（静岡県、宮崎県等）		約2.0万戸	19日
	房総半島台風（千葉県、東京都、静岡県）	令和元年9月	約14.0万戸	17日
	東日本台風（宮城県、福島県、茨城県、栃木県等）	令和元年10月	約16.8万戸	33日
	豪雨（熊本県、大分県、長野県、岐阜県等）	令和2年7月	約3.8万戸	56日
	大雪等（西日本等）	令和3年1月	約1.6万戸	8日
	大雨等（秋田県、山形県、新潟県、福井県等）	令和4年8月	約1.4万戸	18日
	台風第14号（熊本県、大分県、鹿児島県等）	令和4年9月	約1.3万戸	9日
	台風第15号（静岡県）		約7.6万戸	13日

※家屋等損壊地域、全戸避難地区、津波地区等を除く

出所：令和4年度水道技術管理者研修資料より筆者作成

今日的な課題（経営リソースの視点で）

　以上、公営企業の法的な位置付け、水道事業の成り立ちに加えて、水道事業に関する近年の国の施策や取り巻く環境条件などを整理しましたが、本章のテーマは公営企業（水道事業）のマネジメントですので、経営資源である「ヒト」「モノ」「カネ」のマネジメントの視点から、今日的な課題として再整理します。なお、これらの経営資源「ヒト」「モノ」「カネ」は相互に関係性・関連性があることから、総合的に考える必要があります。

１）「モノ」に関する課題

　自然災害への対応について、水道事業者は「命の水」を預かるライフライン事業者として、発生が懸念される多様な危機に対処するための適応力が必要となります。平成７年の阪神・淡路大震災以降、水道施設の耐震化に対する重要性が認識され、ハード面の耐震化に対する取組は進められているものの、施設の耐震化率は伸び悩んでいる状況（「カネ」の積極的な投資）です。また、大規模で広範囲に被害が及ぶ甚大な震災において、水道用資機材の調達に支障が生じた場合には、断水の長期化等が危惧されることから、ソフト面の対策として広域的な調達を可能にする事前の体制整備（「ヒト」や組織の強化）も課題といえます。さらに、近年は気候変動の影響もあり、豪雨とそれに伴う土砂災害などの発生確率が高まっており、これらへの対応も求められています。

　一方で、劣化による性能や信頼性の低下は、供給安定性に対するリスクの一つとして捉えることができ、経年化や劣化が進行した施設等の更新需要に対して、ダウンサイジング等による効率的で、更新需要の平準化等を目指した計画的な対応も必要になります。

２）「カネ」に関する課題

　水道事業は、企業会計原則に基づき、原則として独立採算方式で行われており、事業運営の健全性・安定性には、適正な水道料金による収入の確保が

不可欠です。しかし、水需要の減少や料金の最適化が行われていないなどにより、その料金収入が不足しているため、老朽化した管路施設や浄水場等の適切な時期における更新や耐震化の推進（「モノ」への投資）を行えない水道事業者が数多くあります。また、コスト縮減方策としての人員削減により、適切な水道サービスの提供に必要となる人員が不足する事態（「ヒト」の確保）に至ることも想定されます。

３）「ヒト」に関する課題

　水道事業を支える職員数は、これまでの徹底した組織人員の削減に加え、団塊の世代といわれた職員が大量に退職していることもあり、深刻な人員不足に直面しているといえます。職員一人当たりが受け持つ水道利用者の数は年々増加（職員への負荷の増大）する一方で、経験豊富な職員の空洞化（技術の継承問題）が生じています。このような状況の下、日々の水道サービスの質に加え、事故時の迅速な対応や地震等災害時の緊急対応などで求められるレベルによっては、利用者ニーズに対する水道サービスレベルの低下を引き起こし、これまでに培ってきた地域の利用者の信頼を損ねることになりかねない状況にあります。

　このような問題に対する当面の現実的な対応として、再任用や再雇用などによる人材確保が必要となりますが、短期的な視点ではなく、長期的視点に立った抜本的な人材の確保・育成が必要不可欠な状況といえます。特に、中小規模の水道事業は、財政状況が厳しく、人材不足の状況も深刻なことから、今後の適正な事業規模を勘案した水道事業の施設計画・財政計画・人材計画が必要となり、そうした事業運営による経営基盤の強化にかかる対策を急ぐ必要があります。

「モノ」に関するマネジメント

　水道事業のサービス（安全でおいしい水を安定的に安価で供給）を提供す

るために必要となる水道システム・水道施設を適切に管理することが、「モノ」のマネジメントの基本となります。ここで、課題に対応するための具体的なメニューを示します。

1）自然災害等に対する非常時対応能力の向上（危機耐性）

令和4年に改訂された水道施設耐震工法指針では、「危機耐性」という考え方が示されました。簡単にいうと「想定外の事象が発生した場合でも、サービスが停止しないような性能」ということで、水道事業の場合、水道システムを構成する構造物等の耐震化や浸水対策等の個別の非常時対応能力を向上させる（事前対策：被害を受けないようにする）とともに、被害を受けた場合でも水道システムとしてのバックアップや応急給水等の応急対応（事後対策：被害を受けてもサービスの低下を極小化する）を充実させ、ライフラインである浄水の供給を停止させないようにするということになります。

事前対策としては、耐震化計画などを策定し、後述の施設更新等に合わせてより効果的・効率的に推進する必要があります。事後対策としては、事業継続計画（BCP[注3]）等により災害時の具体的な行動を明らかにするとともに、人員の確保（受援計画等）や資機材等の確保（サプライチェーンの確保等）を行う必要があります。なお、事後対策に関しては、訓練等による周知も重要となります。

2）経年化、老朽化、劣化への対応

前述のとおり、高度経済成長期に整備された水道施設の多くは更新時期を迎えており、厚生労働省ではアセットマネジメント（資産管理）による対応として、更新需要の把握、更新需要の平準化、更新財源の確保などを求めています。

また、実際の更新事業の検討においては、単純な更新だけでなく、レベルアップ（耐震性能の向上、バックアップの確保等）、規模や能力の最適化（水需要の減少に合わせたダウンサイジング等）を検討するとともに、マクロ的な視点での再編・再構築（広域化や共同化）についても検討する必要があります。

「カネ」に関するマネジメント

　水道事業を継続的に運営するとともに、効率的・効果的な投資を実施する
ために必要となる水道事業会計の健全性を確保することが、「カネ」のマネ
ジメントの基本となります。ここで、課題に対応するための具体的なメニュー
を示します。

1）アセットマネジメント、経営戦略

　厚生労働省はアセットマネジメントの実践、総務省は経営戦略の策定によ
り、施設整備への投資（4条予算）や水需要動向（給水収益の動向）など公営
企業会計への影響が大きい項目の見通しを考慮した長期的な財政収支見通し
の作成を求めています。長期的な見通しにより問題や課題を把握し、今、そ
して短期的に何を行わなければならないかを明確にし、施設整備計画等へ
フィードバックを行うことは、公営企業会計の健全性を維持するためには必
要といえます。

　また、アセットマネジメントと経営戦略は策定により完了するのではなく、
PDCAサイクルにより運用し、水道事業経営に関する施策検討に活用するこ
とが重要です。

2）水道料金や料金制度の適正化

　水需要の減少に伴い給水収益が減少する一方で、施設等の老朽化対策の増
加による投資と投資に伴う支出は増加しているにもかかわらず、（選挙公約
など政治的に利用される側面もあり）長期間にわたって水道料金が見直され
ていない場合もあることから、水道事業の健全性を確保するためには、長期
的な財政収支見通しを踏まえて水道料金の最適化（料金改定）の検討は必要
といえます。

　また、水需要構造の変化などもあり、現在の料金制度（料金体系）の妥当
性を検証したうえで、その見直しも必要となります。具体的には、水需要が
急増し、水源確保が困難であった時代の名残として、逓増制料金体系（水需

要の抑制効果を期待して、使用量が多くなると料金単価が高くなる）を採用している水道事業が多くあります。水道事業は装置産業であり、そこに多額の投資がされていることから、本来、基本料金で固定費を安定的に回収するべきですが、変動費を回収する従量料金で固定費を回収している水道事業も多くあります。よって、水利用の促進という意味では逓増制の緩和や逓減制の導入による効果が期待され、固定費の安定的な回収という意味では基本料金と従量料金の適正化も必要となります。水利用実態に整合させるには、用途別料金体系（家庭用、営業用など水利用の用途で料金を設定）から口径別料金体系（用途は問わず契約している水道メーターの口径で料金を設定）に移行することが望ましいといえます。

3）資金の確保（財源の確保）

　施設整備に必要な資金を、水道料金収入をベースとした自己財源による現役世代の負担だけに頼るのではなく、企業債、補助金や交付金などの様々な財源を活用して、施設整備に必要な資金を確保することも重要となります。ただし、企業債は次世代に負担を求めることになるため、最適なバランスを検討する必要もあります。

「ヒト」に関するマネジメント

　水道事業の運営と水道施設の運用により適切なサービスを提供するための組織や研修等の仕組みを構築するとともに、求められる能力を有した人材を確保することが、「ヒト」のマネジメントの基本となります。ここで、課題に対応するための具体的なメニューを示します。

1）人材確保、人材育成、組織力強化

　水道事業では独自採用が行われている事例は少なく、水道事業の実情に合わせた人材の確保（数）や、一般部局とのジョブローテーションも採用されていることから、経験を有した人材の継続的な確保（質）も難しい状況にあ

ります。

人材の確保については、後述する広域化などの官との連携、官民連携など
の手法も取り入れる必要があります。また、人材育成については、人材育成
基本方針を策定しそれに基づいた取組を継続することが重要です。さらに、
人材マネジメントや組織マネジメント、これらを包含した人事マネジメント
の取組も必要となっています。

2）広域化、広域連携

都道府県では広域化推進プランの策定が進められていますが、人材確保、
人材育成の取組方法の一つとして、広域化や広域連携が想定されます。1つ
の水道事業体では人材確保や人材育成が困難な場合でも、広域的な視点での
人員確保や人員配置の最適化が可能となります。

3）官民連携（公民連携）

水道界全体の人材や技術力を有効活用・相互活用し、技術の継承、業務の
効率性を向上させる等の観点から、水道事業者と民間事業者のそれぞれが相
互のパートナーシップのもと、備えている技術・ノウハウを活かして連携を
推進し、将来にわたる技術水準の向上を図るとともに、サービス水準、需要
者の満足度の維持・向上を図ることが必要です。

多様な形態のPPP注4があり、水道事業の人員、ノウハウなど公共側が持
つ能力に応じ、弱点を補填できる方式を選択することができ、「カネ」とも
関連（民間による資金調達）してPFIを選択することもできます。なお、官民
連携によるコスト縮減効果も期待することはできますが、本質的には水道事
業者の不足しているリソースを補完し、事業を継続的に実施するための手法
であるといえます。

おわりに

以上、公営企業（水道事業）のマネジメントにおいて早急に取り組むべき

重要な事項に着目して整理しましたが、以下に示す事項についても、近い将来を想像し、検討や取組を始める必要があると考えています。

1）地域の実情を考慮した水供給の在り方

　これまで、どのような小規模な集落であっても、飲料水などの生活用水は必要不可欠であることから、国民皆水道を掲げ、水道未普及地域の解消を目指して国の財政支援のもと水道施設の普及・整備が進められてきました。しかし、これらの施設は整備から相当年数が経過し、施設の更新時期を迎えた場合、耐震性などを有する施設としての更新費用は水道事業者にとって大きな負担となっています。日常生活において飲料水はもちろん必要ですが、地域の実情（特に高齢化した限界集落等）によっては、莫大な水道施設の整備・更新費用をかけることは困難です。

　そのような場合、宅配給水や移動式浄水処理装置の巡回など、従来の水道事業が行ってきた施設による供給とは異なる手法による衛生的な水の供給、つまり多様な手法による水供給についての検討も必要です。こうした対応は、利用者である地域住民との合意や地域との連携した取組により、可能になると考えています。

2）CPS注5/IoT注6等の活用（スマートメーターなど）

　水道施設の点検・維持管理面は人の手に大きく依存しているため、離島や山間・豪雪地域といった地理的条件の厳しい地域にある水道施設の維持管理には多くの時間と費用を要していること、災害時には漏水箇所の特定に時間を要することなど、効率的な事業運営や緊急時の迅速な復旧が課題となっています。

　このため、CPS/IoT等の先端技術を活用することで、自動検針や漏水の早期発見といった業務の効率化に加え、ビッグデータの収集・解析による浄水・送水・配水の最適化や故障予知診断などの付加効果の創出が見込まれることから、水道事業の運営基盤強化につながるといえ、スマートメーターの導入やスマートメーターにより得られる情報を活用した取組は、モデル事業としてすでに始まっています。

3）経済安全保障法制（サプライチェーンの強化）

　令和３年11月26日に政府に設置された「経済安全保障法制に関する有識者会議」の提言（令和４年２月１日）では、『基幹インフラには様々な事業が存在し、その上、基幹インフラを提供する事業者は多様であり、事業者が個別に対応するだけでは非効率であるため、政府が指針等の形で基幹インフラ役務の安定的な提供の確保に関する基本的な考え方を示し、我が国として本制度に基づく措置を全体として整合性が取れた形で分野横断的に対応する必要がある。』とされており、この提言等を踏まえた「経済安全保障推進法案」が令和４年２月25日に閣議決定されました。水道事業は基幹インフラに含まれていることから、これからの検討等に注目する必要があります。

　今回は水道事業に着目して話を進め、具体的な施策は水道事業に特化したものを示しましたが、経営資源である「ヒト」「モノ」「カネ」のマネジメントの基本的な考え方は、どの公営企業であっても同じであると考えています。つまり、サービスを提供するための「モノ」を適切に維持するためには「カネ」が必要であり、適切に運用するためには「ヒト」が不可欠です。また、公営企業を継続させるための「カネ」を生み出すためにはサービスを提供するための「モノ」が不可欠であり、公営企業を適切に運営するための「ヒト」が必要です。さらに、公営企業を運営するための「ヒト」を確保し、育成するためにも「カネ」が必要です。

　本章で整理した項目は、水道事業のマネジメントとして取り組むべきことの代表的・重点的な施策であり、それぞれの水道事業の実情や特性などと合致しないかもしれませんが、これらを「考える」きっかけにしていただき、そこから「想像力」を働かせ、素晴らしい水道事業の未来を描く一助になれば幸いです。

参考文献

e-GOV　法令検索
　　　https://elaws.e-gov.go.jp/
※厚生労働省「令和 3 年度全国水道関係担当者会議資料」（令和 4 年 3 月 9 日）
　　　https://www.mhlw.go.jp/stf/seisakunitsuite/bunya/0000197003_00006.html
※厚生労働省「令和 4 年度水道技術管理者研修資料」（令和 4 年11月30日）
　　　https://www.mhlw.go.jp/stf/seisakunitsuite/bunya/topics/bukyoku/
　　　kenkou/suido/shingi/kanmin_00025.html
※日本水道新聞「水道行政　移管へ」（令和 4 年 9 月 5 日　第5755号　1 頁）
※厚生労働省「水道事業における耐震化の状況（令和 2 年度）」（令和 4 年 3 月 4 日）
　　　https://www.mhlw.go.jp/stf/newpage_24227.html
※厚生労働省「新水道ビジョン（平成24年改訂版）」（平成25年 3 月）
　　　https://www.mhlw.go.jp/seisakunitsuite/bunya/topics/bukyoku/kenkou/
　　　suido/newvision/1_0_suidou_newvision.htm
※厚生労働省「水道事業におけるアセットマネジメント（資産管理）に関する手引
　　　き」（平成21年 7 月）
　　　https://www.mhlw.go.jp/za/0723/c02/c02-01.html
※総務省「経営戦略策定・改定ガイドライン」（平成31年 3 月29日）
　　　https://www.soumu.go.jp/main_sosiki/c-zaisei/kouei_ryui.html
※総務省「経営戦略策定・改定マニュアル」（令和 4 年 1 月25日）
　　　https://www.soumu.go.jp/main_sosiki/c-zaisei/kouei_ryui.html
※日本水道協会「水道料金算定要領」（平成27年 2 月）
　　　http://www.jwwa.or.jp/houkokusyo/houkokusyo_27.html

注釈

注 1　DBO（Design Build Operate）水道事業者が資金調達を負担し、施設の設計・
　　　建設・運転管理などを包括的に委託する方式
注 2　PFI（Private Finance Initiative）公共施設の設計、建設、維持管理、修繕等
　　　の業務全般を一体的に行うものを対象とし、民間事業者の資金とノウハウを
　　　活用して包括的に実施する方式
注 3　BCP（Business Continuity Planning）災害などの緊急事態が発生したときに、

損害を最小限に抑え、事業の継続や復旧を図るための計画のことで、策定・運用・継続的な改善をする活動を事業継続マネジメント（BCM）という

注4　PPP（Public Private Partnership）公共が行う各種サービスを民間と連携し民間の持つ多種多様なノウハウ・技術を活用することにより、サービスの向上、財政資金の効率的使用や業務効率化等を図ろうとする考え方や概念

注5　CSP（Cyber Physical System）現実世界（フィジカルシステム）においてセンサーシステム等で収集した情報を、サイバー空間でコンピューター技術を活用して解析し、経験や勘ではなく、定量的な分析で、あらゆる産業へ役立てようという取組

注6　IoT（Internet of Things）コンピューターだけでなく、スマートフォンやタブレット、家電など、あらゆる製品がセンサーを備えたデバイスとなり、膨大な情報がインターネットを介して伝達される仕組み

第12章

指定管理者制度の実際

滋賀大学　横山幸司

はじめに

　指定管理者制度とPFIは、公共施設への民間活力導入、公民連携の代表的な手法ですが、どちらも制度の創設から約20年が経ち、今日、事業者の選定から、その後の運用まで、様々な問題が出てきています。

　行政職員が、指定管理者制度やPFIについての正しい知識がなく、行政と民間事業者の間でトラブルが生じることも少なくありません。

　そこで、本章では、改めて、指定管理者制度について、制度の概要を解説するとともに、導入検討から、事業終了後の引き継ぎまで、各フェーズにおける留意点について、実例を交えながら、解説していきたいと思います。

指定管理者制度の沿革

　指定管理者制度は、2003年の地方自治法改正（6月に公布、9月に施行）によって、「普通地方公共団体は、公の施設の設置の目的を効果的に達成するため必要があると認めるときは、条例の定めるところにより、法人その他の団体であつて当該普通地方公共団体が指定するもの（以下本条及び第二百四十四条の四において「指定管理者」という。）に、当該公の施設の管理を行わせることができる。」で始まる地方自治法第244条の2第3項から第11項にわたって定められた制度です。一言で言うならば、あらゆる「法人その他の団体」に対して公の施設の管理を行わせることを可能とした制度ですが、いきなり、この制度が出来たわけではありません。公の施設の管理委託に関する何度かの地方自治法の改正を経て辿り着いた制度であります。それがゆえに、今日も従来の管理委託との差異が正しく認識されず、混乱を生じているケースが見られます。そのことはまた後述するとして、はじめに改正の経緯をみていきましょう。

最初の改正は1963年でした。従前より、地方自治法第244条には「公の施設」について定められていたわけですが、そこに第244条の２第３項を追加して、「普通地方公共団体は、公の施設の設置の目的を効果的に達成するため必要があると認められるときは、その管理を公共団体又は公共的団体に委託することができる。」としたのです。ここで言う「公共団体」とは「地方公共団体、公共組合、営造物法人」などを指します。そして、「公共的団体」とは「農業協同組合、商工会議所、赤十字社、青年団、婦人会、学校法人、町内会、自治会」などを指していました。現在でも、こうした団体に管理委託や指定管理者制度を導入する自治体が多いかと思いますが、その原点はここにあったわけです。しかし、この時点の管理委託の特徴は、委託先が、「公共団体」あるいは「公共的団体」に限られていたという点が大きな特徴でありました。

　そこで、1991年にもう一度改正が行われます。同じく第244条の２第３項を改正して、「普通地方公共団体は、公の施設の設置の目的を効率的に達成するため必要があると認めるときは、条例の定めるところにより、その管理を普通地方公共団体が出資している法人で政令で定めるもの又は公共団体若しくは公共的団体に委託することができる。」としたのです。ここで言う「法人」とは「普通地方公共団体が資本金、基本金等を二分の一以上出資している法人」あるいは「出資の状況、職員の派遣の状況等普通地方公共団体との関係からみて支障が無く自治省令で定めるもの」とされました。いわゆる地方公共団体の外郭団体のことです。今日、前述の「公共的団体」同様、「外郭団体」も管理委託や指定管理者制度の受託者になる例が多いのはここに端を発していると言えましょう。今日、あたかも外郭団体の存続のために指定管理者選定を非公募にしている自治体も見受けられ、健全な競争が損なわれているとの問題が指摘されています。これらの問題点については後述します。

　そして、委託先の拡大と同時に、この後の指定管理者制度にも引き継がれた「利用料金制の導入、管理受託者の料金決定、地方公共団体の報告徴求、調査、指示権」が定められたことも、大きな特徴であったと言えます。

　ここまでの経緯を経て、ようやく2003年に前述のとおり、地方自治法第

244条の2第3項から第11項が改正され、指定管理者制度が創設されました。その特徴について、詳しくは後述しますが、あらゆる「法人その他の団体」に対して公の施設の管理を行わせることが可能となったと同時に、外郭団体に対しては出資者、株主として監督権が地方公共団体側にあり、監査委員の監査対象となる（同法第199条第7項）ことや、従前からの地方公共団体側からの報告徴求、調査、指示権が指定管理者にも適用される（同法第244条の2第10項）ことが定められている点も見落としてはいけません。

指定管理者制度とは何か・その特徴

　指定管理者制度とは端的に言えば、「それまで地方公共団体やその外郭団体に限定していた公の施設の管理・運営を、株式会社をはじめとした営利企業・財団法人・NPO法人・市民グループなど法人その他の団体に包括的に代行させることができる（行政処分であり委託ではない）制度」ということになります。この定義の中にあるように、特徴としては大きく3点あります。

　1点目は、「指定により、公の施設に関する管理権限を、当該指定を受けた者に委任するもの」という点です。もう少し詳しく見ていきましょう。まず「指定行為」とは、「地方公共団体が一方的な意思表示により指定管理者を設置者に代わる公の施設の管理主体とする行為」です。「契約」ではなく「行政処分」とされています。そうして地方公共団体から管理権限を授権された指定管理者が、公の施設の管理について、事実行為としての管理業務のほか、住民の権利義務の設定に関係する管理業務を行います。ただし、この管理業務は、公物警察権や強制徴収権など首長に帰属する公権力行使以外の「定型的で権力性が薄い行政処分」すなわち、使用許可、取り消し、退去命令などに限られます。

　2点目は、「指定管理者は事実行為としての管理のほか、行政処分に該当する使用許可を行うことができる」という点です。

1点目に比例しますが、公の施設の管理業務には、「住民の権利や義務に関係しない事実行為としての管理」すなわち、施設の清掃や設備の点検、補修業務などと「住民の権利義務の設定に関係する管理業務」すなわち、貸し館の使用許可などがあります。前者は、条例による定めなく民間委託が可能ですが、後者は、条例による定めに基づく民間委託が必要です。

　このように、指定管理者制度は、事実行為としての管理のみではなく、一定の権力的行為（使用許可）も委ねられている点が従前の管理委託と異なる大きな特徴です。ただし、使用許可権限とは、「利用の許可、不許可、取り消し、制限・停止、迷惑利用者に対する退去命令」などであり、「使用料の強制徴収、過料の賦課、目的外使用許可、不服申し立てに対する決定、不正使用者の強制排除」などは指定管理者が行うことは出来ません。

　3点目は、「指定管理者は、条例に定められた枠組みの中で、利用者からの料金を自らの収入として収受することが出来る。（＝利用料金制）」という点です。利用料金制は、1991年の地方自治法改正から管理受託者に認められた制度ですが、指定管理者制度にも引き継がれました。指定管理者は、条例で定められた範囲内で、地方公共団体の承認を得ることが必要ですが、自ら利用料金を定めることが出来ます。利用料は、指定管理者の私法上の債権として収入となります。減免も可能ですが、そもそも使用料・手数料の制定は条例で定めるものであり、指定管理者はその範囲内で減免を行うことが出来るだけです。指定管理者が収入を減らす減免を率先して行うはずはなく、適正な使用料・手数料の設定や過度な減免の見直しは自治体が責任をもって行わないといけません。そうでなければ、いくら指定管理者が頑張っても収入が増えるはずがありません。また、債権の回収行為は出来ますが、前述のとおり、過料を科すことや滞納処分、不服申し立てに対する決定等は地方公共団体の権能であり、指定管理者が行うことは出来ません。

業務委託・管理委託との違い

ここで、改めて、従前の「業務委託」「管理委託」と「指定管理者制度」は何が異なるのか、まとめておきたいと思います。表12-1をご覧ください。

まず、「受託主体」ですが、「業務委託」では、限定がありません。ただし、長や議員についての禁止規定はあります。「管理委託」では、前述のとおり、「公共団体、公共的団体、政令で定める出資法人（1／2以上出資等）」に限定されていました。「指定管理者制度」では、「法人その他の団体」となっており、

表12-1

	業務委託	管理委託（従来）	指定管理者制度
受託主体	限定なし ※長、議員についての兼業禁止規定あり （地方自治法第92条の2、第142条）	公共団体、公共的団体、政令で定める出資法人（1/2以上出資等）に限定	法人その他の団体 ※法人格は必ずしも必要ではない。ただし個人は不可。
法的性格	「私法上の契約関係」 契約に基づく個別の事務または業務の執行の委託	「公法上の契約関係」 法的性格条例を根拠とし て締結される契約に基づく具体的な管理の事務または業務の執行の委託	「管理代行」 「指定」（行政処分の一種）により、公の施設の管理権限を指定を受けた者に委任するもの。
公の施設の管理権限	設置者たる地方公共団体が有する。	設置者たる地方公共団体が有する。	指定管理者が有する。 ※「管理の基準」や「業務の範囲」は条例で定める。 具体的な内容は「協定」で定める。
公の施設の使用許可等	受託者はできない。	受託者はできない。	指定管理者が行うことができる。
利用料金制度	採ることができない。	採ることができる。	採ることができる。
損害賠償	市の責務。（国家賠償法第2条第1項）	市の責務。ただし、管理受託者の責めに帰すべき事由による場合は、市は求償権を有する。（国家賠償法第2条第2項）	市の責務。ただし、指定管理者の責めに帰すべき事由による場合は、市は求償権を有する。（国家賠償法第2条第2項）

出所：「公の施設の指定管理者制度導入・運用について」
　　（南島原市企画振興部企画振興課．平成29年9月）をもとに筆者作成

法人格は必ずしも必要ではありません。ただし、個人は不可となっています。

　次に「法的性格」ですが、「業務委託」は「私法上の契約関係」となります。契約に基づく個別の事務または業務の執行の委託ということです。「管理委託」は、「公法上の契約関係」です。法的性格条例を根拠として締結される契約に基づく具体的な管理の事務または業務の執行の委託ということです。「指定管理者制度」は「管理代行」になります。「指定」（行政処分の一種）により公の施設の管理権限を指定を受けた者に委任するものということです。

　続いて「公の施設の管理権限」ですが、「業務委託」「管理委託」では、設置者たる地方公共団体が有します。「指定管理者制度」では、指定管理者が有することになります。その際、「管理の基準」や「業務の範囲」は条例で定め、具体的な内容は「協定」で定めます。

　続いて、「公の施設の使用許可等」ですが、「業務委託」「管理委託」では、受託者は行うことができません。「指定管理者制度」では、指定管理者が行うことができます。

　続いて、「利用料金制度」ですが、「業務委託」では採用することができませんが、「管理委託」や「指定管理者制度」では、採用することができます。

　続いて、「損害賠償」ですが、「業務委託」では、地方公共団体の責務（国家賠償法第2条第1項）です。「管理委託」や「指定管理者制度」では、原則は地方公共団体の責務ですが、管理受託者・指定管理者の責めに帰すべき事由による場合は、地方公共団体は求償権を有する（国家賠償法第2条第2項）ことになります。

各フェーズにおける留意点

　指定管理者制度は、通常、導入検討→設置管理条例の改正（議決）→公募（募集要項、仕様書の作成）→候補者選定（選定委員会の開催）→指定管理者の指定、債務負担行為（議決）→指定管理者との協定締結（協定書の作成）→指定

管理者による管理運営→定期的なモニタリング→指定期間終了、引き継ぎ、という流れで行われます。

　しかし、制度創設から20年近くが経ち、これらの各フェーズにおいて、様々な問題が指摘されてきています。指定管理者制度は法律に細かく規定せずに、実際の運用面はかなり自治体の裁量に委ねられている面が大きいことが要因にあると推測しますが、中には極めて不適切な事例も散見しますので、私が実際に経験した例も交えながら、私なりにまとめた指定管理者制度運用における留意点について述べていきたいと思います。

①導入検討時

　最初に、当該施設に指定管理者制度を導入すべきかどうかという検討があります。その際の視点としては大きくは次の３点があるかと思います。一点目は、政策的な見地からの検討です。例えば、観光施設であれば、当該自治体の観光政策の中で、当該施設がどのような役割を果たすのかを考えなくてはいけません。当然のことですが、実際には、行政がこのことを考えずに、民間事業者にそれを求めるような募集要項等が見受けられます。民間事業者に求めるのは、まずその前提となる当該自治体の方針があってのことです。その大前提の上に、民間事業者のさらなるアイデアを求めることは公民連携の本旨でもありますが、それを勘違いして、行政が考えるべきことまで民間事業者に丸投げしているようなことはお門違いというべきです。

　二点目に、財政的見地からの検討です。特に費用対効果の面から、指定管理者制度導入にメリットがあるのかどうかを検討することです。しかし、単なるコストカットを目的にするのは間違いというものです。管理業務を包括的に委ねることから、全体として、コストカットが見込まれることは公民連携の一つのメリットですが、これも過度なコストカットを期待すると、民間事業者のワーキングプアを招くような結果に陥ります。定量的な評価だけでなく、数字では表せない地域への好影響など定性的な評価も合わせて検討すべきです。

　三点目に、民間事業者側の視点に立った検討です。つまり、当該施設を拠

点に展開する政策分野に対して民間事業者側からの需要はあるのかといった観点です。いくら、行政側が当該施設を民間に委ねたいと思っても、民間事業者にとって魅力のある市場でなければ民間事業者は参入してくれません。また、民間事業者が参入したいと思っても、参入する環境になく断念する場合もあります。例えば、自治体の外郭団体が独占的に指定管理者を担っているような場合や、指定管理者制度導入時から、まったく仕様書等が変わっていないような場合です。この点については次に詳述しますが、健全な競争条件のもとに、責任ある企業が参入できる環境をつくるのは行政の役割です。

②設置管理条例改正時

　指定管理者制度を導入する方針が決まったとして、次に検討すべき点は設置管理条例の改正が必要かどうかです。これらは、導入検討と同時進行で考えるべきことでもありますが、その際の視点として３点挙げたいと思います。

　一点目は、公共施設マネジメントからの検討です。そもそも、当該施設は統廃合あるいは複合化等の余地はないのかといった視点です。これからの公共施設は、将来の財政負担を考えるとまず公設公営を少なくしていくことが必須です。さらには他の政策分野との複合化も避けては通れません。そうなると比例して、指定管理者も複数の政策分野に対応できる民間事業者を選定していく必要があります。あるいは複数の企業からなる複合企業体が前提となります。そのためには、指定管理者制度を導入する以前に公共施設マネジメントを検討すべきですし、方針が決まったならば、それに合わせて設置管理条例を改正していく必要があります。

　二点目に、これも同時進行で検討すべきことですが、適切な形態の検討です。そもそも指定管理者制度導入が適切なのか、委託あるいは直営が適切ではないのかといった検討です。

　指定管理者制度が創設された当初は、全国的に従前の委託業務を指定管理者制度に移行する自治体が多く見受けられました。今日までそれが続いている自治体が多くありますが、そもそも指定管理者制度にそぐわないような施設にまで指定管理者制度を導入している例が少なくありません。指定管理者

制度は基本的に、民のスキル・ノウハウが生かせて、料金収入などの利益が見込まれる、包括的に業務を委ねることにメリットがある施設に導入すべきですが、まったくそれらの条件に見合わない施設や団体に指定管理者制度を導入している例があります。代表的なものは地元の自治会の寄合所への導入などです。自治会は利益を生む団体でもありませんし、特別なスキル・ノウハウもありません。寄合所の管理だけを依頼したいのであれば、普通の委託でいいのではないでしょうか。同様に、「非公募」という形で当該自治体の外郭団体や「○○協会」などの公共的な団体が指定管理者に指定されている例も多く見受けられますが、そもそも健全な競争原理が働かないのであれば指定管理者制度を導入する意味は薄れます。どうしても、その団体に業務を行ってもらいたいのであれば委託で良いのではないでしょうか。また、公共的な団体がイコール施設の運営が可能な団体ばかりではありません。そうした団体に無理やり指定管理者を委ねることも見直す必要があると考えます。公共的な団体は公共的な役割を担って頂き、施設の運営は別の民間事業者に委ねるといった役割分担をするのも一手ではないでしょうか。

　三点目に、設置目的の再検討です。指定管理者制度導入にあたり、現行のままの設置目的でよいのか検討する必要があります。前述のとおり、現代の公共施設は、複合化が多くなってきていますし、指定管理者制度を導入して、民間事業者のスキル・ノウハウを生かすためには、従来の設置目的を修正する必要も出てこようかと思います。自治体は時代に即した柔軟な改正を行うべきです。

③公募時

　次に、募集要項・仕様書の検討に入ります。この際の視点も3点あります。一点目は、行政と民間事業者の役割分担は明確に整理できているかという視点です。後述する指定管理事業と自主事業の区別やリスク分担も比例しますが、それ以前に、前述のとおり、指定管理者制度を導入すると、あたかも行政は一切関与しないというような態度の自治体が見受けられますが、公共政策の主体者は、あくまで自治体であって、あとは知らんぷりという態度はお

かしいわけです。偽装請負のことが頭にあるのかもしれませんが、自治体の政策に従って指定管理者が事業を行うだけですので、自治体の責任がなくなるわけではありません。行政として果たすべき役割はきちんと果たしていただきたいと思います。

　二点目ですが、先にも述べましたが、募集要項・仕様書が、民間事業者にとって魅力ある内容になっているかという視点です。近年、指定管理者の固定化が問題となっていますが、その原因の一つとして、募集要項・仕様書が第1期目から全く変わっていないということも挙げられるかと思います。募集要項・仕様書が全然変わらなければ、現在の指定管理者が有利になることが容易に想像されます。そこに関連して、三点目ですが、募集要項・仕様書が、新規参入を可能にする内容になっているかという視点が大事です。新しい内容が盛り込まれれば、既存の指定管理者も新しい努力をしなければなりませんし、新規参入を狙う事業者にも参加してみようかというインセンティブにつながります。

④選定時

　上記までの準備が整いましたら、選定委員会が開催されていくわけですが、この選定委員会委員の問題が多く見受けられます。まず、選定委員会のメンバーは適切かといった点です。私が実際に経験した中でも、まったく専門家が欠如している例が多くありました。利用者を代表する住民なども一員に加えることはいいことですが、弁護士などの法律の専門家や公認会計士・税理士などの会計の専門家、私などの地方自治・指定管理者制度の専門家は必須と言えます。実際、書類審査の段階で、まったく提案事業者の財務が専門家によって審査されず、優先交渉権者に決定した後、契約の議決前に事業者が撤退したという案件に遭遇したことがあります。これなどは会計の専門家を委員に選任していなかったために起きた事例です。

　それから、委員を選任したならば、その後の審査のために必要な情報は委員間で共有しておくことが大事です。そうでないと、事業者のプレゼン時にチンプンカンプンな質問をする委員がいたりしたことがあります。また、そ

の後の最終評価の採点時に委員間で採点基準がバラバラになり、評価点が偏在するような事態にもなります。

　選定委員会の運営に関する問題もあります。例えば、実際にあった事例ですが、当該自治体の情報公開制度を優先したとの理由で、事業者のプレゼンが公開されてしまい、傍聴者として出席していた競合相手の事業者に情報が筒抜けになったという例です。あるいは、プレゼン事業者がICレコーダーでプレゼン時の委員との質疑応答を録音していたという例もありました。いずれも指定管理者選定委員会の問題という以前の問題ですが、これらは実際にあった話です。

　また、評価方法に関する問題も多く見受けられます。例えば、適切な評価方法になっているかといった点です。5段階で評価するようなケースが多いかと思いますが、要求水準を満たしていることを最低点として出発する等の基準を明らかにしておく必要があります。あるいは、委員の評価点数の合計や平均ではなく、委員間の協議で決定するというような決定方法を採っている例も見受けられますが、協議というのは、極力避けて、点数で一目瞭然とするべきと私は思います。そうでないと、採択されなかった事業者からすれば、いかにも委員間で恣意的に決定されたような疑惑を持たれかねないからです。

⑤指定、協定締結時

　指定、協定締結時の留意点として、主に次の3点を挙げたいと思います。

　一点目に、「協定の内容」についてです。協定は、私法上の契約に相当するものであり、極めて重要です。条例に書ききれなかった詳細は、協定に記載することが必須です。その根幹を成すのは、指定管理業務・自主事業、比例して指定管理料・利用料金に関する取り決めです。ところが、どこまでが指定管理事業でどこからが自主事業なのかが曖昧であったり、比例して、どこまでが指定管理料の範囲なのか行政と指定管理者（民間事業者）で解釈が違っていたりする例が見受けられます。よくある間違いが、指定管理業務内で指定管理者（民間事業者）が裁量で行う業務を自主事業と呼んでいる例です。例えば市民センターでの生涯学習講座が指定管理業務とされている場合に、

講座の内容は指定管理者（民間事業者）に任せられているというようなケースです。これは、指定管理業務であって、自主事業ではありません。こうした基本的な用語の定義を明確にしておかないと後々トラブルの元になります。それぞれの事業の範囲とそれに伴う財源を明確にしておくことが必須です。

　また、指定管理者の収益に関して、その一部を当該公の施設の設置者である地方公共団体団体に納付させる、つまり収益の一部を還元させる協定を設けている自治体があります。利益還元に関する法律の規定はありませんが、実態として多く存在します。しかし、その程度によっては、指定管理者である民間事業者のインセンティブを著しく阻害することになります。少なくとも、その割合等は公民が納得する水準でなくてはならないと思います。実際に私が見聞きしたひどい例では、自治体側が指定管理料を支払わず、すべて指定管理者の利用料金で賄うこと、さらには毎年度定額の５千万円を納付すること、さらに毎年度収支差益黒字額の50％を追加納付することという協定がありました。こんな条件の案件に誰が手を挙げるでしょうか？　当該自治体は何か指定管理者制度を勘違いされているのではないでしょうか。民間活力導入は民間事業者を安く使うことではありません。民間事業者を持ち上げる必要もありませんが、公民が対等なパートナーシップのもとに公共施設を運営していかなければ、いつまでたっても健全な公民連携は実現できません。

　逆に、企業努力とは関係なく、ただ行うべき事業を行わなかった場合等に指定管理料に余剰を生じた場合は、その分は返還するのが原則と言えましょう。あるいは他の事業に流用することも可だと考えますが、いずれにしても、収益や余剰分の取り扱いについて、曖昧にするのではなく、予め定めておくことが肝要と考えます。

　二点目に、「リスク分担」についてです。リスクには様々なものがあります。例えば、金融変動リスク、物価変動リスク、経済環境変動リスク、住民対応リスク、第三者賠償リスク、施設瑕疵リスク、債務不履行リスクなどがあります。リスク分担とは、これらのリスクに対して、行政と指定管理者（民間事業者）のどちらが第一義的に対応するのか、責任はどちらにあって、費用

はどちらが負担するのか等を予め決めておくことです。それぞれの分担を表にしたものをリスク分担表と言います。これまで、多くの自治体では、リスク分担に関する意識は希薄であったと言えます。実際にリスク案件が起こらないと実感が湧かないからでしょう。しかし、コロナ禍により、リスク分担の重要性が明らかになりました。コロナ禍は疫病等に分類され、不可抗力の災害と言ってもいいかと思いますが、これにより、集客施設などは軒並み収益が悪化しました。その際の補償などが問題となったのです。多くの自治体で経験が無かったために、慌てて補償額を積算するような例が多くみられました。近年は、リスク分担表だけでなく、その後の措置の方法までを決めておくことが推奨されています。中々、そこまで準備している自治体は見られませんが、今回のコロナ禍での補償の積算方法のように、出来る限り想定できる範囲でその考え方を決めておくことは重要と言えましょう。補償だけでなく逆に指定管理者（民間事業者）の責任で、指定期間前に撤退するような場合のペナルティも定めておく必要があります。

　三点目に、「協議条項」についてです。「…に特別の定めのない事項については、その都度、市及び指定管理者の協議の上、これを定めるものとする。」といった「協議条項」は協定書に必ずあります。この条項は必要不可欠なものではありますが、これに頼りすぎると、事前に明確な規定がなくても、何かあれば、すべて後から協議すれば良いことになってしまいます。しかも、その場合は、行政から指定管理者（民間事業者）への「お願い」であることが少なくなく、問題が指摘されています。前述のリスク分担はその代表例です。すべてのリスクを予想することは難しいことですが、できる限りの想定を議論し、その場合の対処の分担と方法の基本的な考え方を整理しておく努力は怠ってはいけません。

⑥管理運営時

　管理運営時の留意点としても、次の３点を挙げたいと思います。

　一点目は、「指揮命令権」についてです。行政が指定管理者の職員に直接命令することはできません。指定管理者の職員に直接命令することができる

のは指定管理者の責任者のみです。この問題が一番露呈するのは、災害時です。災害時において、公務員ではない一民間事業者である指定管理者がどこまで、責任を負わなくてはいけないのか、役割分担を取り決めておく必要があります。指定管理者（民間事業者）は自分の会社の社員らの安全確保という責任もあります。一般的には、災害発生時の初期の救援や救護までが指定管理者の役割であって、その後の救護、施設の停止や復旧は自治体の責任と考えるのが相当と言えます。

　二点目に、「維持修繕費」についてです。管理運営時の行政と指定管理者間のトラブルで一番多いのは、この「維持修繕費」をめぐるトラブルではないでしょうか。よくあるのが「１件30万円未満程度の少額の修繕は指定管理者の負担とする」というような協定です。しかし、この１件とはどのように解釈してよいのか、30万円未満の根拠が不明などの理由から、トラブルになる例も少なくありません。私が見聞きした例では、一基数百万万円とするエレベーターの更新を「修繕」だと主張して、指定管理者に更新させようとした事例がありました。行政職員がまったく「維持修繕費」とは何か、ひいては「指定管理者制度」とは何かを理解していない典型例と言えます。自治体側は、前述のリスク分担と同様に、想定できる「維持修繕」の対象とそれに係る費用の負担について整理しておくことが必要です。基本的に施設の整備は自治体の責任です。

　三点目に、「損害賠償」についてです。地方公共団体と指定管理者間でそれぞれ債務不履行があったような場合は、それぞれ相手方に対して、民法の規定により損害賠償を請求することができます。一方、公の施設の利用者等に対する賠償責任として、国家賠償法１条、２条が適用されます。

　国家賠償法１条とは「国又は公共団体の公権力の行使に当る公務員が、その職務を行うについて、故意又は・過失によって違法に他人に損害を加えたときは、国又は公共団体が、これを賠償する責に任ずる。」という規定であり、国家賠償法２条とは「道路、河川その他の公の営造物の設置又は管理に瑕疵があつたために他人に損害を生じたときは、国又は公共団体は、これを賠償

する責に任ずる。」という規定です。

　これらに該当した場合、地方公共団体は、第三者に対して損害賠償義務があ
ありますが、指定管理者に違法行為などの責任があった場合は、地方公共団
体は指定管理者に対して求償することができます。

⑦モニタリング時

　モニタリングには次の3種類があります。①指定管理者による自主的モニ
タリング、②地方公共団体（施設所管課）によるモニタリング、③第三者に
よるモニタリング（外部監査など）です。

　地方公共団体は、仕様書、協定書、リスク分担表等に基づいて適切なモニ
タリングを行う必要があります。従いまして、先にも述べましたように、仕
様書、協定書、リスク分担表は大事です。仕様書、協定書、リスク分担表に
無いような項目を指定管理者に求めるのは間違っていますし、逆に、定めが
あるのに守られていないものは、改善を要求しないといけません。

　私の知る限り、これらのモニタリングが行われていない自治体もあります。
また3種類のモニタリングのうち1つしか行われていないといった自治体も
あります。比例して、モニタリングシート（評価シート）が整備されていな
い自治体や指定管理者評価委員会などの体制が整備されていない自治体も多
く見受けられます。

　理想は、各課任せにせず、行革担当課が全庁的に定期的なモニタリングを
主導することが望ましいと思います。また、地方公共団体内部のモニタリン
グに留まらず、指定管理者評価委員会などには選定時の指定管理者選定委員
会と同様に地方自治や法律、会計などの専門家を構成メンバーに加え、専門
的な見地からの外部評価（監査）を行うことが望ましいと考えます。指定管
理者選定委員会が評価委員会を兼ねるケースも少なくありません。

⑧期間終了、引き継ぎ時

　最後に、「期間終了、引き継ぎ時」の留意点について述べます。数年後の「期
間終了、引き継ぎ時」のことなので、中々、最初に想定することが難しいと
いうことも分かりますが、最初の「協定締結時」にこそ、しっかりと期間終

了時の「原状回復」やその後の「事務の引き継ぎ」などについて、行政と指定管理者間で詰めておくことが重要です。そうでないと、特に指定管理者の更新によって、新たな民間事業者が指定された場合、それまでの事業者にとって新しい事業者は競合相手になるわけですから、すべてを「企業秘密」として、必要な情報まで、あとの事業者に明かさないというようなケースも見聞きします。このあたりの線引きは非常に難しいのですが、従来の事業者の知的財産として保護すべき項目は保護した上で、情報公開すべき項目は何かということを最初から整理し、引き継ぐことを協定に定めておくことが重要です。

　こうした、「期間終了、引き継ぎ時」に行うべきことをしっかり行うことが、当該自治体の信頼度を高め、民間事業者の健全な競争、新規参入を促すことにもつながると考えます。

参考文献
※宮脇淳、井口寛司、若生幸也「指定管理者制度問題解決ハンドブック」（東洋経済新報社、2019）
※森幸二「指定管理者制度の実務」（ぎょうせい、2021）
※南島原市企画振興部企画振興課「公の施設の指定管理者制度導入・運用について」（平成29年9月）

第13章

PFI の実際

滋賀大学　横山幸司

はじめに

　PFIは、指定管理者制度と並ぶ公共施設への民間活力導入、公民連携の代表的な手法の一つですが、制度の創設から20年以上経った今日も、指定管理者制度ほど普及しているとは言い難い状況です。

　地方自治体の現場において、PFIは難しいという先入観が先行しているようにも見受けられますので、本章では、PFIについて、そのポイントを簡潔に述べていきたいと思います。

　PFIをはじめ、我が国のPPP（公民連携）はまだまだ成熟したものとは言えないと思います。しかし、本質的にはそれほど難しいものではありません。地方自治体の現場における知見の積み重ねが制度を成熟させていくのです。是非、地方自治体の皆さんには自分達が制度をつくっていくんだという気概で取り組んで頂きたいと思います。

PFIの沿革

　PFIは、Private Finance Initiativeの略であり、一言で言えば、公共施設を従来の公設公営で行うのではなく、民間事業者が資金を調達して、公共施設を整備し、その後の運営までも行うという手法です。1990年代にイギリスで生まれた行革の一手法です。

　我が国では、1999年に、「民間資金等の活用による公共施設等の整備等の促進にかかる法律」（PFI法）が制定されて以来、数次の改正を経て、今日に至っています。その内容を見てみると、平成13年（第1次）と平成17年（第2次）では主に、行政財産の貸し付けを可能とするなど、公共施設と合わせた民間収益事業としての土地開発まで認めるものでした。次に、平成23年時の第3次改正による「公共施設等運営権」（いわゆるコンセッション方式）の

導入は、空港や水道といった公益サービスの事業において、民間事業者が一般利用者に直接サービスを提供し、独立採算で事業を実施する権利を付与するというもので、PFI事業のスキームを大きく広げるものでした。その後も平成25年（第4次）、平成27年（第5次）、平成30年（第6次）と相次いで改正がありましたが、これらは「公共施設等運営権」の推進が主な内容であったと言えます。特に平成30年第6次改正による「水道事業への公共施設等運営権」導入は、大きなニュースにもなりました。直近の令和4年度の改正では、PFI事業の対象となる公共施設等の定義に、「スポーツ施設」及び「集会施設」が明記されたり、公共施設等の管理者等が必要があると認めるときは、当該実施方針の変更をすることができることなどが追加されました。このように、PFIは、今後も改正を重ねながら、より良い公民連携の形を模索していくものと思われます。併せて、我が国のPPP/PFI政策を主導する内閣府の民間資金等活用事業推進室（PPP/PFI推進室）は、様々なガイドラインや手引き、事例集を作成し、PFIの普及に努めています。

　しかし、後述しますが、2015年頃までは、PFIの導入状況は決して多いものではありませんでした。そこで、国では当時の安倍政権の主要政策であったアベノミクスの一環として改めてPFI政策の推進に力を入れ、全国にPFIに関係する産学官のプラットフォームである地域プラットフォームの創設を促すなどの支援策を展開しました。私も国の認定を受け、滋賀県において2016年に「淡海公民連携研究フォーラム」を創設しました。その甲斐あってか、今では毎年のように滋賀県下の自治体でもPFI案件が生まれている状況になっており、ようやくPFIも市民権を得たようにも思いますが、依然としてすべての自治体に浸透しているとは言い難い状況かと思います。

PFIの導入状況

　それでは、現在の全国のPFIの導入状況を見ていきましょう。これについ

ては、内閣府民間資金等活用事業推進室（PPP/PFI推進室）がウェブサイト
で公表しています。それによれば、令和3年3月末で、累計で875の事業が
実施されています。制度が始まった平成11年時にはわずか3件だったのに比
べれば隔世の感があります。単年度でも57件の事業件数があり、平成27年度
以降は少しずつですが右肩上がりとなっています。コンセッション方式も累
計で41件まで増えてきています。

　比例して、契約金額も累計で69,706億円となっており、こちらも、少しず
つ契約金額が積みあがってきています。

　また、分野別の実施方針公表件数（累計）を見ていきますと、教育と文化（社
会教育施設、文化施設等）が、32.6％、まちづくり（道路、公園、下水道施設、
港湾施設等）が24.6％、健康と環境（医療施設、廃棄物処理施設、斎場等）が、
14.6％、庁舎と宿舎（事務庁舎、公務員宿舎等）が、8.5％、安心（警察施設、
消防施設、行刑施設等）が、2.9％、生活と福祉（福祉施設等）が、2.8％、産
業（観光施設、農業振興施設等）が、3.0％、その他（複合施設等）が、8.7％となっ
ており、教育と文化（社会教育施設、文化施設等）でPFI導入が進んでいるこ
とが分かります。一方で、その他（複合施設等）も増えてきており、今後も
複合施設での導入は増えるのではないかと思われます。

PFIの特徴

　改めてPFIとは何かをみていきましょう。先にご紹介した内閣府民間資金
等活用事業推進室（PPP/PFI推進室）のウェブサイトでは、「PFIとは、公共
施設等の建設、維持管理、運営等を民間の資金、経営能力及び技術的能力を
活用して行う新しい手法です。」とあります。

　もう少し詳しくみていきましょう。具体的に、従来の手法（公共工事）と
PFI手法では何が違うのでしょう。PFI法により設置された官民ファンドで
ある民間資金等活用事業推進機構が発行している「自治体担当者のための

PFI実践ガイドブック」（以下、「ガイドブック」という。）では、次の4点に違いがあると解説しています。

①契約形態…従来手法（公共工事）では、設計、建設、維持管理・運営の業務について、公共が自ら行うか、または個別に民間事業者に分割発注して事業を実施していましたが、PFI手法では公共は、企画、計画、モニタリングに特化し、設計から運営までの業務については一括して民間事業者が実施します。

②発注方法…従来手法（公共工事）では、分割発注、仕様発注、短期契約ですが、PFI手法では一括発注、性能発注、長期契約です。

③リスク分担…従来手法（公共工事）では、原則、公共がリスクを負担しますが、官民間の契約でリスクを分担します。

④資金調達…従来手法（公共工事）では、一般財源、補助金、起債等により公共が調達しますが、事業費の一部または全部について民間事業者が調達します。

　こうしてみてくると、とりわけPFIの大きな特徴は、①民間資金調達、②一括発注、③性能発注、④長期契約の4点だと言えましょう。

PFI導入の効果

　それでは、PFI事業を行うことにより、どのような効果が期待されるのでしょうか。先の内閣府民間資金等活用事業推進室（PPP/PFI推進室）のウェブサイトでは大きく次の3点が挙げられています。

①低廉かつ良質な公共サービスが提供されること…PFI事業では、民間事業者の経営上のノウハウや技術的能力を活用できます。また、事業全体のリスク管理が効率的に行われることや、設計・建設・維持管理・運営の全部又は一部を一体的に扱うことによる事業コストの削減が期待できます。これらにより、コストの削減、質の高い公共サービスの提供が期待されます。

②公共サービスの提供における行政の関わり方の改革…従来、国や地方公共団体等が行ってきた事業を民間事業者が行うようになるため、官民の適切な役割分担に基づく新たな官民パートナーシップが形成されていくことが期待されます。

③民間の事業機会を創出することを通じ、経済の活性化に資すること…従来、国や地方公共団体等が行ってきた事業を民間事業者にゆだねることから、民間に対して新たな事業機会をもたらします。また、他の収益事業と組み合わせることによっても、新たな事業機会を生み出すこととなります。PFI事業のための資金調達方法として、プロジェクト・ファイナンス等の新たな手法を取り入れることで、金融環境が整備されるとともに、新しいファイナンス・マーケットの創設につながることも予想されます。このようにして、新規産業を創出し、経済構造改革を推進する効果が期待されます。

　以上は、大きな視点からのPFIのメリットだと思いますが、地方公共団体の現場でPFI手法を採用するインセンティブは前述の４つの特徴に比例したものと考えます。つまり、①民間資金調達…従来手法（公共工事）では初期の建設や設備投資の際に一気に公共が財源を用意しなくてはいけません。さらには運営期間中にも修繕費用がかかります。しかし、PFI手法では、民間が資金を調達し、割賦払いも可となるため、計画的に建設その後の修繕を行い、財政を平準化することができます。

②一括発注…従来手法（公共工事）では、設計・建設・維持管理・運営などそれぞれを担当する事業者に分割発注するので、大変な手間がかかります。しかし、PFI手法では、通常、SPC（特別会社）に一括発注するため、行政職員の負担が軽減されます。

③性能発注…従来手法（公共工事）では、発注者が発注内容や実施手法等について詳細に仕様を規定して発注する仕様発注ですが、PFIは、発注者が求める構造物等の性能を規定し、その性能を満足することを要件として発注する性能発注です。比例して入札方式も前者は、価格で決まる要素が大

きい一般競争入札が主ですが、後者は、事業者の提案内容が評価される要素が大きい、総合評価一般競争入札、公募型プロポーザル方式が主であり、公共サービスの向上が期待されます。

④長期契約…指定管理者制度でさえ、5年ほどの指定管理期間ですが、PFI手法では15年以上の運営期間が主です。それだけ、計画的な事業の展開が期待されます。しかし、③や④については、それだけに、事業者を選定する際の自治体側の審査能力が問われます。また15年後に新たな事業者が参入できるのかといった課題もあります。これらについては後述したいと思いますが、メリットとデメリットは常に表裏一体であると言えましょう。しかし、だからと言って、PFI手法を導入しないという消極的な姿勢の理由にしてはいけないと思います。なぜならば、本著の冒頭から述べていますように、究極的には公民の対等なパートナーシップにより、これからの公共領域を担っていく社会こそがPPP/PFIの目指す社会だからです。

事業方式の類型

PFI手法には、切り口によって、いくつかの分類があります。先のガイドブックによれば、一つ目の切り口は、「事業費の回収方法による分類」です。これによって次の3つの類型に分けられます。

①サービス購入型…公共サービスの提供に対して、公共（発注者）から支払われるサービス対価によって事業費を回収する型です。庁舎、学校施設、給食センター、公営住宅などが当てはまります。

②独立採算型…公共サービスの提供に対して、利用者からの利用料金収入や付帯事業収入のみで事業費を回収する型です。空港、有料道路、上水道、駐車場などが当てはまります。

③混合型…サービス購入型と独立採算型を合わせたもので、公共からのサービス対価と利用者からの利用料金収入等で事業費を回収する型です。博物

館、美術館、体育館、音楽ホール、複合公共施設などが当てはまります。

　二つ目の切り口は、施設所有形態による分類です。B＝Build（建設）、T＝Transfer（所有権移転）、O＝Operate（運営）、O＝Own（所有）、R＝Rehabilitate（修繕）の頭文字を取って、①BTO、②BOT、③BOO、④BT、⑤RO、⑥コンセッションの6つの事業方式に分けられます。

①BTO方式は、建設は民間ですが、完成時に公共に所有権を移転し、運営は民間が行います。我が国では最も採用されている方式です。

②BOT方式は、BTO方式と同じく建設は民間ですが、事業終了時に公共に所有権を移転するまで民間が所有し、運営も行います。

③BOO方式は、民間が建設し、その後もずっと民間が所有、運営する方式です。

④BT方式は、民間が建設し、完成時に公共に所有権を移転します。その後の管理運営は公共側が直営するか委託に出すかなど判断に委ねられます。公営住宅などで多く見られます。

⑤RO方式は、民間が修繕を行うものです。所有権は公共のままです。空調などの大規模修繕によく見られます。

⑥最後はコンセッション方式です。所有権は公共にありますが、公共施設等運営権を設定し、運営期間中の建設、修繕、管理運営の一切を民間事業者に委ねるものです。

　PPP（公民連携）の理論からすれば、独立採算型のコンセッション方式が一番理想型のように思いますが、実際はそこまでは難しく混合型のBTO方式が多いのが現況かと思います。しかし、前節で見てきましたように、少しずつですがコンセッション方式も増えてきており、出来る限りそのスタイルを模索することは大事だと思います。しかし、無理することもいけませんので、地域の実情にあった方式を採用することが肝要かと思います。

各フェーズにおける留意点

　先のガイドブックによれば、PFI事業は、通常、事業の発案→事業内容の具体化と事業手法検討→基本スキームの検討→特定事業の選定→事業者の募集・選定→事業契約等の検討→事業の開始→事業の終了のプロセスで行われます。それぞれのフェーズについて私の経験を踏まえ、留意すべき点を前章の指定管理者制度と同じように述べていきたいと思います。公民間に横たわる問題はほぼ指定管理者制度と同じと言ってよいかと思います。

①事業の発案時

　PFI事業の発案は、通常、上位計画（総合計画、公共施設等総合管理計画）の策定時や民間からの提案もしくは、各課が所管する公共施設やインフラのリニューアル検討時に発案されます。

　しかし、私が見聞きする残念な例は、指定管理者制度もそうですが、PFI事業においても自治体全体の経営の観点からではなく、各課任せになっているような例があることです。そうした自治体は上位計画（総合計画、公共施設等総合管理計画）や関連計画との整合性も取られずに発案されるため、PFI事業だけが浮いた存在になりがちです。やはり、具体の事務は原課が行うとしても、それを全体的に統括する部署が必要かと思います。そうした統括部署が常に自治体全体を見渡し、当該PFI事業が円滑に進むように、原課に助言なり支援を行うことが望ましいでしょう。

　そうした際に必要となる全庁的なPFI事業導入検討のための指針が「優先的検討規程」です。国（内閣府）は、地方公共団体におけるPPP/PFIの更なる導入促進を図るべく、令和3年6月に「多様なPPP/PFI手法導入を優先的に検討するための指針（令和3年改定版）」（民間資金等活用事業推進会議決定。以下「指針」という。）において、優先的検討規程を定めることが求められる地方公共団体を人口20万人以上の団体から人口10万人以上の団体に拡大しました。また、指針改定時の地方公共団体宛通知文書において、人口

10万人未満の地方公共団体においても、必要に応じて同様の取組を行っていただくよう要請しています。

　基本的には、人口規模に関係なく、公共施設やインフラのリニューアル時には、必ずPFI事業導入の可能性を検討すべきです。また、同時にハード面のみならず、ソフト面も加えた「公民連携の指針」を自治体独自に策定されている自治体もあります。すべての自治体がPPP/PFIに積極的に取り組んでもらいたいものです。

②事業内容の具体化と事業手法検討時

　PFI事業が発案されたら、次に検討するのは、「事業内容の具体化と事業手法検討」です。具体的には、基本構想・基本計画の策定、公共アドバイザーの選定・業務委託、導入可能性調査の実施、事業手法の決定などがこの段階で行われます。これらについても、留意点を述べていきます。

　まず、基本構想・基本計画の策定です。残念な例をお話しましょう。基本構想と基本計画は比例するものですが、基本構想策定時にPFI事業を想定せず、基本計画策定時になって、現実に直面し、慌ててPFI事業を想定し、基本構想からやり直すといった例です。こうしたことはなぜ起こるのかと言えば、基本構想が非常に抽象的でお花畑のような構想になっており、現実の予算、それに伴う事業手法などを度外視して策定される。あるいは、そうした観点から助言できるPFIの専門家などが策定委員会のメンバーに選任されていないことが多いからです。PFI事業の手法が実際に採択されるかは別として、PFI事業で行ったら当該事業はどうなるかといった想定はこの時点から検討すべきと思います。

　次に、公共アドバイザーの選定・業務委託ですが、PFI事業では、このアドバイザーが非常に重要です。単に大手だから良いとか実績が多いから良いといった理由で選定するのではなく、当該事業に対して、的確なアドバイスができるのか、きめ細かい支援を行ってもらえるのかといった観点を重視していただきたいと思います。

　次に、選任された公共アドバイザーによって、導入可能性調査が実施され

ます。この導入可能性調査の実績なども公共アドバイザーを選定する時には一つの重要なポイントだと思います。つまり、精度の高い導入可能性調査を行っている公共アドバイザーは信頼が置けます。VFMの積算が楽観的であったり、逆に厳しすぎるようなコンサルタントには注意が必要です。

そして、前述のBTOやBOTなど数あるPFI事業手法の中で、どの手法が当該施設に最適なのかを決定していきます。

③基本スキームの検討時

次に、実施方針や要求水準書案の作成、それらに比例したモニタリング（評価）基本計画案、事業契約書案を作成していきます。前章の指定管理者制度の実際でも述べましたように、指定管理者制度における募集要項や仕様書の作成と同じく、PFI事業における実施方針や要求水準書が、いかに当該施設を魅力的なものにするか、また、そこに多くの事業者が参入してもらえるかの鍵となります。

特に、PFI事業の運営期間は指定管理者制度の指定期間より長期にわたりますので、実施方針や要求水準書の内容が極めて重要です。また指定管理者制度と同様に、これらの最初の基準を基に、審査の評価、その後のモニタリングの評価、そして事業契約書につながっていきますので、最初の設定というものがいかに重要かお分かりいただけるかと思います。逆に言えば、最初の設定にない項目や水準が後の評価や事業契約書に出てくることがあってはいけないということです。

④特定事業の選定・事業者の募集・選定時

次に、特定事業を選定し、事業者の募集・選定に入っていきます。特定事業の選定とは、対象事業にPFI手法を導入して実施することが最適であると公共施設等管理者が最終的な判断を行うPFI法上の手続きのことです。自治体は前述の導入可能性調査等の結果を踏まえ、当該施設へのPFI手法の導入が適切であることを議会や住民に説明する責任があります。

事業者の募集・選定も指定管理者制度と本質的には留意点が共通します。しかし、指定管理者制度は管理・運営からが対象ですが、PFI事業では施設

の設計・建設からを対象としますので、選定委員会の委員にはそうした分野の専門家も人選する必要があります。また当該施設の分野に精通した業界の専門家を人選する場合もあるでしょう。その際に気を付けなくてはいけないのは、応募が予定される事業者と委員が利益相反関係にないかという点です。委員候補の経歴や実績を精査して、そのあたりを確認する必要があります。

⑤事業契約等の締結・事業の開始・事業の終了時

事業契約の根幹をなす基本協定の締結は極めて重要であり、行政と事業者の十分な協議が肝要です。特に、リスク分担においては、指定管理者制度以上に長期の運営期間があり、指定管理者制度にはない、施設の設計・建設に伴うリスクも対象となることから、より詳細な協議が必要です。長い運営期間の間にはSPC（特別会社）の一角をなす事業者の経営が困難になり、撤退するなどのリスクも想定されます。そうした場合の対応についても、できる限りの想定を行っておくことが肝要となります。それは次のモニタリングにも関連してきます。

PFI事業においては、施設整備段階でのモニタリングと維持管理・運営段階でのモニタリングがあります。指定管理者制度と同様にSPCが自ら行うセルフ・モニタリング、自治体によるモニタリング、外部によるモニタリングが考えられます。また、SPCに融資を行う金融機関によるモニタリングもあります。

近年は、以上のようなリスク分担やモニタリングの観点から、自治体と金融機関が締結する直接協定（ダイレクト・アグリーメント）も多くなってきており、積極的な活用が望まれます。

事業終了にあたっては、指定管理者制度以上に、解除要件の明確化や、事業契約終了時の検査、事業移管に関する手続き、施設移管に関する手続きの確保などが重要です。特に運営期間終了を待たずに、今回のコロナ禍で露呈したような災害などの不可抗力による事業継続が困難となった場合のペナルティや補償についての考え方も整理しておく必要があります。

参考文献

※内閣府民間資金等活用事業推進室ウェブサイトhttps://www8.cao.go.jp/pfi/
（2022.10参照）

※民間資金等活用事業推進機構「自治体担当者のためのPFI実践ガイドブック」（中
央経済社、2019）

※高橋玲路「PPP/PFIの20年 法務・契約事務からみた現状と課題」（日経研月報、
2020.2）

※内閣府民間資金等活用事業推進室「PPP/PFI 手法導入優先的検討規程策定の手
引」（令和4年9月）

※民間資金等活用事業推進会議「PPP/PFI 推進アクションプラン（令和 4 年改定
版）」（令和4年6月）

第14章

アウトソーシングの活用について

キャリアリンク株式会社　島　健人

はじめに

　デジタル技術の発達により、行政においてもデジタルガバメント実行計画が策定されるなど、今後の自治体の仕事のあり方について変化が生じようとしています。実際、現場においてもRPAやAIなどテクノロジーの活用を推進し効率化を進める機運が広がってきています。一方で、感染症対策業務や困窮者支援業務など昨今では自治体で緊急的に行わなければならない仕事も増えています。

「予測しづらい計画外の状況の変化」に対応しながら自治体BPRを達成していくためには、中核的業務への集中が重要と考えます。民間企業においては、限られた資源（ヒト・モノ・カネ）で無数の課題や競争環境の変化に対応するため、メリハリの利いた資源分配（すなわち戦略）を策定する必要があります。アウトソーシングは、それを実現するための手段の一つとして活用されてきた経緯があります。さらに、2023年度より、人的資本に関する開示が義務化されることで、組織と働く人材の関係性の変化が始まると想定されており、この変化が、多くの組織にとっての人材吸引力（新規での人材獲得や組織に人材を留めておくことのできる力）、ひいては組織の競争力や持続性に大きな影響を及ぼすことになるであろうということがコンセンサスとなっています。アウトソーシングも含めて、多様化する外部活用も選択肢として、一定の方針をもって活用することは組織の戦略実現に不可欠になりつつあります。

　しかしながら、自治体でのアウトソーシング活用については、未だ「単位業務あたりのコスト削減」に専ら目が向けられがちであり、委託化そのものが目的となることも見受けられます。本来の目的である、組織の発展や持続性を促進するための仕組みを作り、その仕組みの中の機能の一部として、自治体組織に実装されるべきものと思います。すなわち民間企業でいうところの競争力強化のための戦略設定を企図したBPR（Business Process Re-

Engineering〈抜本的改善や改革〉）がアウトソーシングなど外部活用の選択肢も視野に入れ、積極的に行われることが、本質的には望ましい姿であろうと思います。

　この章では、はじめに自治体がアウトソーシングを活用していくための事前準備の考え方について、昨今の組織を取り巻く環境の変化を整理した上で、外部リソースに期待される成果に関する文脈の変化について、お伝えしていきます。その後、製造業において使われる「スマイルカーブ」という概念を用い、ホワイトカラーの業務に援用してみることで、外部活用時に必須となるであろう「コア業務とは何か」という問いに対する考え方をお示しし、最後にアウトソーシング活用時に躓きやすい「業務整理」についての課題について、なるべく自治体BPR達成に向けた文脈でお伝えできればと思います。

組織を取り巻く環境の変化

　BPOの市場は現在でもIT系・非IT系業務の双方で、右肩上がりの成長を続けています。以前であれば、単位業務あたりのコストの変化が外部活用の主要な論点となっておりましたが、昨今では競争環境の変化や多様化が進む中、より自社社員をコア業務に集中させるためのアウトソーシングが増えてきているものと感じます。これは、人材難・リソース難は長期化するであろうとのコンセンサスとともに、システムのクラウド化やリモート環境での業務遂行など、分業を促進する仕組みや分業可能な環境の拡大が後押ししているものと思われます。

　また、2023年度より上場企業から適用開始になりますが、「人的資本」に関する開示義務が始まります。コーポレートガバナンスコードに基づく開示は、「適合させるか説明するか」を、強制的に一貫性をもって市場に開示し続けることを問われる内容であるため、当然ながら実態の人事諸制度の運用についても変化が発生してくる見込みです。具体的には、所謂JOB型人事制

度が部分的にでも導入され始め、リスキリングや多様性の確保、後継者育成システム、サステナビリティに関する項目など様々な項目で取組みが進むと思われます。メンバーシップ型雇用における、「居て年次が進めばポジションや高給が得られる」時代は終わりを告げ、より高いレベルで専門的なアウトプットができる人材に対して、より手厚い報酬を支払えるようにするための制度的な変化を促します。また、所謂「総合職」的な立場の従業員にも、組織内のプロフェッショナルという立場を求められ、意思決定コストや組織内調整コストの逓減や質の向上などの成果が求められてくることが想定できます。競争環境の目まぐるしい変化に対応するために、専門的な人員で構成するもしくは専門的人員が率いるチームに責任や役割、権限が今まで以上に分配されることにもなるでしょう。

　経営や上級管理職も、より高度なガバナンスの確保や競争力保持、社会的意義と戦略の整合やサステナビリティの検討、意思決定の迅速化など今までよりも多くの戦略的業務に携わる必要性が発生します。それに伴い、彼らが担っていた意思決定や中核的な判断の一部が、より現場に近い組織内の様々なチームで実行されることも必須になると思われます。チームやプロジェクト内における責任範囲や権限の拡大に伴い、今まで判断を上に委ねていた例外処理が、自チーム内で処理する必要が出てくるわけですから、できるだけ定型的な業務に関するリソースおよびそのマネジメント工数は外に出して「システム化しておきたい、アウトソーシングしておきたい」という動機が発生し、アウトソーシングなどの外部活用が進むきっかけとなっているものと思われます。

　このように、組織が人材に求める役割・期待値が変わってくると同時に、より高度で専門的な成果を出せる人材や高いポテンシャルがある人材の市場価値は上がり、流動化が進むため、獲得合戦が起こることは想像に難くありません。報酬以外にも「仕事のスケールや裁量」「難易度や希少性」「社会的価値」「職場の環境やワークスタイル」「キャリアの発展性」など、組織が労働者に示せる（示し続けられる）オファーが非常に重要になってくると考え

られます。大企業から人的資本経営に関する取組が進み、組織は「人材が組織に期待すること」の変化に対応していくことになるわけです。

　世の中の組織全般がそのような方向に進んで行くわけですから、地方公共団体も含め対応をしていかないと人材の吸引力を失うことになりかねません。クラウド・水平分業・リモート・JOB型・副業など、今までとは違ったこれらの環境は、離合が可能な疎結合型の仕事の在り方を要求し、中核的業務への集中を促進する環境であり、アウトソーシングの検討有無にかかわらず、ポジションごとの責任の明確化や業務の可視化などの業務分担や分業も視野に入れた業務整理に着手することが重要になると考えます。

アウトソーシングの位置づけ

　有限なリソースをより効果的に分配し、組織の発展性や持続性を維持したいというニーズに応えるため、アウトソーシングは発展をしてきました。アウトソーシングを活用するにあたって、委託事業者からプレゼンテーションや説明を受けるのと同じくらい「コア業務に集中してください」という話を耳にすることがあると思います。この「コア業務（中核的業務）」とは一体何なのかという考えが、アウトソーシングを活用する上では非常に重要です。そこの考え方がしっかりしていないと、単に人員削減の手段の一種として、または目先のコスト削減程度にしか検討することができず、本来得られるはずの効果に目を向けることができなくなるからです。

　まず、アウトソーシングとは自社以外の外部ベンダーに対して、仕様を定め、契約を締結し、対価を払って、自社が行っていた、または行わなければならない業務を実行させることです。わざわざ自社で実行できていたもの、実行できるものを外部ベンダーに対価を払って実行させるのですから、そこには必ずその恩恵が発生しているはずです。一般的には、非差別化要素であるルーティン業務を、市場競争を経験してきた外部ベンダーにその仕事、場

合によっては資産の移転を含めて依頼することによって、コストの削減だけで無く、コストを固定費から変動費へ変化させ、中核事業への資源分配強化やコスト面での可変性確保を行うことや、外部ベンダーの知見やテクノロジー活用によるオペレーション改善、さらには協働を通じた新たな知見の獲得など、多くの恩恵が存在しています。

そもそも、組織は競争力や付加価値の小さい、誰でも履行可能な作業を行うために採用や教育を行っているわけではありません。しかしながら、組織の中には「誰かがやらなければいけない」雑多な作業が大量に存在しており、またそれらの作業ほど実態としては「数だけは多かったりする」わけです。優秀なマネージメントレイヤーの社員がそれらの業務のマネジメント（日々のマイクロマネジメント）に割いているリソースを事業推進や企画に振り向ける。このような考え方が昨今の環境変化を経て重視されつつあり、また人材側からも組織が発揮する中核的価値を提供する業務の側で働き、経験や実績を得たいということが、人材の流動化が進む中で求められてきている要請事項であろうと感じるところです。コスト削減だけがアウトソーシング活用の最たる動機であるならば、多くのルーティンを保有し、規模のメリットを利かせることのできる大企業だけに向けたソリューションとなっているはずですが、実際はそうはなっておらず、中小企業においても、競争環境の中で自社競争力を確保するための重要な手段となっています。

次に、アウトソーシング活用を検討するにあたっては、戦略や方針が必要であるということです。つまり、アウトソーシングそのものは目的ではなく、システム化・機械化や派遣やコンサルティングサービスを利用する等の外部活用と同列のツールであり、事業成長やBPRを成し遂げるための手段であるということです。BPRそのものは、競争力確保のために、戦略を達成するための要素および機能を整理した後、次に、優先順位や資源の分配方針を決定した上で、達成すると決定されたことを中心に据えてプロセスを整備していく、比較的トップダウン型のアプローチになります。その取組の中で、改善対象とする業務を機械化（自動化）したほうがよいのか、自前で改善をして

おくことが最善なのか、それとも外部に担い手を変えることで、可変性の確
保やマネジメント労力を軽減することが競争力の確保のためにより有益な選
択肢なのかを吟味し、決定していく必要があります。

　このように考えると、自治体BPR達成の文脈で整理をしたときに、アウト
ソーシングの活用検討においては、元来のBPR方針の目的に立ち返って、コ
スト削減だけではない「中核的業務」とは何であるのかを定義し、メリット
を得ると同時に発生するデメリットや生じるリスクを検討し、その後の資源
分配方針やアウトソーシング管理態勢を整理しておくことが重要です。また、
自組織の枠組みを超えて、外部事業者やシステムに業務を切り出すのですか
ら、自組織内の業務棚卸しを継続的に行っておくことの必要性がさらに重要
になってくるものと考えます。

業務の付加価値量に着目する

　資源の分配方針やリバランスを検討するにあたって、何が自組織の特徴で、
何が中核的業務なのかという整理はハイレベルな議論となります。自治体な
どの行政においては、総花的になりやすく且つ優先達成目標を判然とさせづ
らいという事情もあるのではないかと推察します。まず現場においては、業
務というレベルで整理してみることをお勧めします。

　製造業で使われる考え方ですが、スマイルカーブというフレームがありま
す。製造業の一連のバリューチェーンについて、横軸を「企画・マーケティ
ング」「設計」「製造・運用」「営業」「保守」などの一連のプロセス分類に分
け、縦軸にその付加価値量をプロットしたとき、上流と下流に対して、中間
プロセスでは付加価値量が押し下げられる形となり、真ん中の部分となる「製
造・運用」部分が窪んだスマイルの口元のような形の曲線が描かれます（「図
14−1」）。これの意味するところは、「中間部分のプロセスは頑張っても儲
かりづらいので、そこは外注化するなど、水平分業での事業設計をしましょ

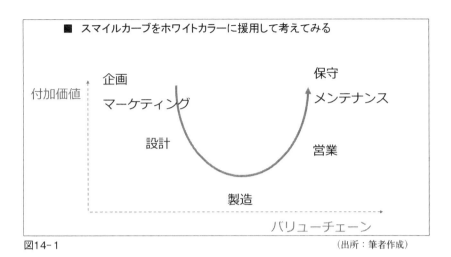

図14-1　　　　　　　　　　　　　　　　　　　　　　　　（出所：筆者作成）

う。」あるいは、「その分野で戦う時は規模を大きくしスケールメリットを出さないとジリ貧になります。」ということです。これを組織に当てはめて考えてみます。所謂、製造・運用部分をルーティンの仕事、比較的定型的な仕事と考えたとき、これらに自組織のリソースを注力させたときに財務的・非財務的に他との差別化要素を生み出すことが出来るのかという視点からの観察と分析が、事業系部門（すなわちサービス実行部門）と管理系部門、企画・支援系部門の優劣ということでは無く、事業系部門の内部においても付加価値量が上部にプロットされるプロセスや仕事は何であり、そこに適切な資源量を投入できているかということを整理することに役立ちます。

　例えば、難易度は高いがあくまでも日々の実行業務の一部である仕事はあくまでも「製造・運用」でありますし、難易度が低いが少しずつでも一覧として仕事の内容を見つけて、書き出し続け、メンテナンスし続ける仕事は「保守」の業務になるでしょう。1単位あたりの作業の付加価値や難易度は前者のほうが圧倒的に高いのですが、時間をかけて積み上げ整理されたノウハウが棚卸し表となり、後者が大きな成果につながったなどという事例を想定し

てみると、整理がしやすいかと思います。

　現在、アウトソーシングを実行済みの自治体においても不足していると思われる役割が「保守」の部分にあるのではないかと感じることが多くあります。一般的には当該事業について委託化後に従事する職員の人数は減りますが、一定の職員が企画管理業務や権限を必要とする業務、高難度案件への対応する業務に残るのが通常です。企画管理業務の職員は数値やKPIのクリアを管理し、不測の事態にはリカバリ策を委託事業者と検討し、あるいは新たな付加価値を模索できないかを検討されます。これはスマイルカーブでいうところの「企画」「設計」の部分が現場に実装されている状況だと言えるでしょう。

　しかしながら、例えば「投げて終い」や「ベンダーロックイン」という懸念事項も往々にして聞かれることであり、契約や仕様書等で「引継ぎ条項」を入れるという対策が取られますが、根源的には「保守」部分に資源投入不足がある状態を改善することが必要な打ち手となります。外部事業者が何をやっているのか、それは基準や法令・規則に対して正しいのか、組織の提供価値から鑑み、新たに検討するべきことはあるか、基準自体は適正なのか、などをモニタリングし、整備し続けることは、アウトソーシング活用後も重要な業務であることはご理解いただける部分であろうかと思います。昨今では、世間も報道等も敏感になってきています。外部事業者に長い間丸投げし続けた結果、重大事故のケースに至ることはもはや「懸念」というレベルを超えており、必ず「保守」の強化を進めていかなくてはならないものであると感じるところです。

　スマイルカーブの考え方を援用することで「何が付加価値の高い業務であるか」を整理しやすくなります。アウトソーシングの活用においては、例えば高難度案件等の運用対応を行う直営の人材を残すケースは多くありますが、このポジションに対して「基準担当」「メンテナンス担当」などの「保守」部分の強化を担ってもらう役割を付加し、外部事業者とのナレッジシェアを推進するタスクを割当てることも検討しうる選択肢と思います。また、アウ

トソーシング導入後の必要人数や経費を計画（資源配分を検討する）する際も、「現時点では存在しない」それらの役割に必要な経費であるとして、予め人数を割当てる設計をしておくことが根本的な対応となります。事前検討の場においても、業務の付加価値を理解し、それがどの仕事であるのかを検討することはBPRを推進する上で重要なことと考えます。

何をアウトソーシングするべきか

　アウトソーシングを検討できる範囲について考えてみます。一般的にはアウトソーシングを依頼できる範囲は非常に幅広く、どのようなものでも実施できるようになってきています。しかしながら、企業経営の考え方を参考にし、「中核的業務に集中し、組織の競争力を高める」目的で、その範囲を考えてみるとき、ドラッカーは「（トップ）マネジメント以外はアウトソーシングできる」「強みは自社で行い、弱みはアウトソーシングせよ」と説きました。組織にとっての中核的業務に注力し、組織が提供する社会的価値を向上させ、需要を喚起することが重要であるという考え方です。これは、何でも外に出してしまいなさいと言っているわけではなく、ドラッカーは逆に頼り切ってしまうことの罠も認識しており、いざという時は引き戻せるようにする態勢を取っておくことが重要であるとも説いています。すなわち、「保守」の重要性です。

　次に、「自社の強みとは何か」ということですが、これはケイパビリティ（ヨソでは実行できない機能や能力）に着目し、その機能や能力に対してスマイルカーブの上部に位置する仕事に投入している資源量がどの程度になっているかで表すことができると考えます。組織が保有する特徴的な機能や能力は何かを発見し、それの活かし方を検討し、能力強化を推進することが戦略であると言えます。

　例えば、自治体であれば権限としての業務は当然ながら、政策・計画を策

定しその進行状況をモニタリングしながら推進もしくは微調整の判断を行っていくこと（プロジェクトマネジメントやステアリングコミッティという仕事になろうと思います）、地域のコミュニティや公務員同士の連携を推進していくことは、民間からすると「到底叶わない」仕事になるはずです。さらには、先に述べましたようにアウトソーシングやシステム化した業務を法的観点や組織の優先的ミッションなどと照らして保守管理し判断していくことは当然ながら中核的業務との判断をする必要があります。それらの仕事はアウトソーシング対象には本来はなり得ず、さらに言うと強みとして、資源配分の強化を検討すべき対象として、自組織の人材やリソースを効果的に配置・分配する必要があります。単なる人員やコストの削減だけでは無く、リソースを捻出し、組織の持続性や発展性を維持・推進するために担い手を変えるなど、機動的に動かせるように変動費化する必要があるのです。

　一般的には、アウトソーシングを行う候補事業を検討するにあたっては、縦軸に上から「中核的業務か付随的業務か」横軸に右から「定型業務か非定型業務か」という２軸で区切ったときに、右寄りに位置するものがシステム化候補・自動化候補であり、凡そ中段から下寄り「付随・定型」寄りに位置するものが委託化候補であるとされます（「図14-２」）。当然ながら、左上「中核・非定型」は直営になりますが、今後は左上「中核・非定型」を担うメンバーの中身も多様化が進むことが想定され、また、求められる成果も、より高度な判断やより専門的な知見を反映した現場でのアウトプットが求められてくるはずであり、今まで経営や上級管理者が行っていた判断の一部が現場で実行される、実行できる環境としておかなければスピードの速い環境変化や組織人材吸引力に影響が起きることは先に述べた通りであり、図表が全体的に左上にシフトするイメージを持つとよいと思います。そしてそのシフトした後の穴を、システムによる自動化や外部リソースの活用で埋めるという変化が生じてくるわけです。

　また、検討いただきたいのが、外部活用のニーズが専ら適切な労働力を必要としているだけである可能性が高いのであれば、人材派遣の活用などの人

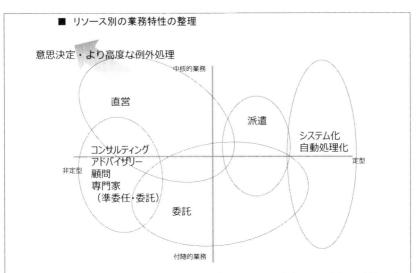

図14-2　　　　　　　　　　　　　　　　　　　　　　　　　　（出所：筆者作成）

的リソース提供に特化した外部サービスも選択肢にあるということです。民間市場では、活用が進んでいますが、自治体においてはその活用実績が無いというところもあるようです。労働力が必要なだけの場合、本来は自前でコントロールしたほうが効率的にもかかわらず、小規模な内容でアウトソーシングをしてしまうと、管理や構築コストばかりがかかってしまう欠点もあるため、それらの課題にも柔軟に対応できるソリューションは一考の価値があると考えます。また、中核的業務をそのまま外部の力によって解決したいという要請も組織の中には存在するかもしれません。しかしながら、そのような場合の外部活用は、例えば専門家はフレームや一般論・事例の提供や、議論のファシリテーションに徹してもらい中身は自前で作り込む、もしくは自前のリソースはインプットにしっかりと時間を使い、しっかりとしたアウトプットを専門家が導けているかをチェックするなど「餅は餅屋」の発想で臨

まなければ、コストに対して満足な結果を得ることは難しいであろうと思います。

アウトソーシングに向けた「業務整理」への課題

　自治体でのアウトソーシングの導入において、障壁は何かという点は、様々な調査が明らかにしているところでありまして、総じて①業務整理が困難②個人情報の外出しが困難③偽装請負との境界線の管理が困難④職員の継続的なノウハウ蓄積に懸念⑤経費節減効果を期待できないというのが主だった項目です。内部的な問題でストップしているケースが多く、非常にもったいなく感じるところであるのと、現場で見聞きするに、アウトソーシングや外部活用の方針が決められた後の、計画や設計が「現場部署に投げられてしまう」というところに構造的な問題があると思います。これは、現場での「業務棚卸し」はBPR達成の一丁目一番地であり、現場で地に足が付いた業務整理をする必要があるのは間違いないのですが、それを現場の部署で実行できるだけの余力があるかどうかだけでなく、業務を見えるようにするというノウハウ保有の有無自体に組織間でばらつきがあり、そこで保有しているノウハウ、段取り、勝算の立て方次第で委託化ができるかどうかが決まってしまうという現実的な問題を表していると思います。

　これらは自治体に特有の事象でも無く、一般的な組織や企業でもよくあることですが、縦割りになりやすい行政においては、比較的顕著になりやすいことだと感じます。また、昨今では「デジタルガバメント推進方針」のサービス設計12箇条でも示されていたように、単一業務に関する処理方針を検討するだけでなく、サービス全体を顧客視点で設計する「サービスデザイン」のコンセプトをもって行政BPRを達成すべきという方針や、業務変革を掲げたうえでシステムの標準化、ガバメントクラウドの活用をうたった「地方公共団体システム標準化基本方針」などの内容を鑑みると、単純に部門部署へ

その計画や細部の設計を検討させることを「投げる」だけでは事業化を達成できる確率はかなり低いと思っておくべきというのが一般的な感覚になると思います。民間においてもそれらの仕事ができる人材の希少性は高まってきている状況であり、内部的にリソースを保有する重要性が認識され始めてきています。それらのPMO（Project Manegement Office（事務局））業務や業務設計支援を行う外部サービスは多く存在していますが、丸投げをしてしまうと、継続的な業務棚卸しや設計や基準の見直し（すなわち保守部分）に支障をきたすため、やはり依存度を過度に高めることには留意が必要です。

　これらに対応するため、昨今の情勢変化が大きな現在においては、できるだけそのコツを知る人材を自組織内の共有資産として活用しようとする動きが活発化してきているように感じます。自治体におきましても、そのようなプロジェクトマネジメントや業務の分解・可視化、再構築の経験のある人材を「BPRコーディネーター」として育成され、組織内で横断的に共有される人的共有資産としてアウトソーシング導入やBPRの促進対象としている部署へ積極的に関与させ、現場のメンバーから業務内容を引き出していける態勢としていくことで、丸投げやブラックボックス化、そもそもの外部化・自動化検討の断念など、諸課題に向けた解決手段として有効であると考えます。

　昨今では、多くの自治体において「民間委託の活用方針」などが整理されているところであり、そのKPIマネジメントや効率化に向けた会議体の設定、モニタリング項目などが明記されているため、導入が明確になれば、自治体のプロジェクトを推進する担当者も進めやすい環境になっていたかと思います。しかしながら、それら「活用方針」はその手前段階での「コンセプトメイク」で行き詰りやすい内容になっているのではないかと考えます。それらは、コスト削減と住民サービスの向上の両立およびその管理手法に重きを置いているものであり、単位業務あたりのコストがより廉価で品質がよく、都合のよい事業者がその地域に現れないと計画できないものになっているのではないでしょうか。また、今後求められる部分最適では無く、全体的なサービスや業務再構成に目を向けられたものには、まだ至っていないかと思いま

す。

　自治体の規模や立地でそれらの条件に差がつくことは非常にもったいないことのように思えます。しかしながら、ここで述べさせて頂いている通り、外部リソース活用で本来目を向けるべきことは、例えば、自前資源のリバランス方針、強みや組織のミッション、構成する人材の育成・リスキリング方針、中期重点施策などの強化ポイントに関する事項、隠れコストに関する事項などを整理し、課題解決を推進できるように組織が中核的業務に集中できるようにすることです。しかしながら、それらの項目が「活用方針」に記載されていることはあまり見受けることはありません。ガバナンスには重きを置いた上で、昨今の組織が晒される環境の変化は組織そのものの持続性に関わる変化であることを勘案し、できるときに整理頂くことが必要であろうと感じます。

業務の棚卸し

　先の章までで述べた「検討（コンセプトメイク）」を経て、さらに現状確認を進め、より細部の設計をするとき重要なのが、業務の棚卸しであり、業務一覧であります。そこが不完全な状態で設計に突入することは委託要件を始めとした、事業要件定義の抜け漏れに起因して、失敗や遅延、追加的コストにつながります。逆にいえば、この段階で棚卸し表や帳票集ができていれば、外部委託に向けた必須要件の準備は山を越えることができているといってよいでしょう。

　業務棚卸しの際に、一般的に作成するドキュメントは、①Lv 1 ～ Lv 2 程度（場合によりLv 3 まで詳細化）の業務フロー②帳票集（インプット・アウトプット集）③システム概念図・システムフロー④業務一覧（＋FAQ）あたりになろうかと思います。前述の通り、これらを全て外部に丸投げすることはお勧めいたしません。しかし、ここで詰まってしまう現場が多いため、初

期は適正な支援サービスを受けてでも、整理は推進し、本質的には自前で改訂できる状況を目指して頂くのが現実的な選択肢と思います。これは、委託事業者に委託化した後も同様であり、ここの部分に関与していないと、委託事業者内でのブラックボックスが発生したり、適切なマネジメントが行えない原因となったり、業務を巻き戻す際にも不都合が生じるなど、多くの不利益が発生します。

　業務棚卸しは、最終業務一覧に収斂されていくと考えています。そのため業務一覧の作り方（構造の作り方）は重要でありまして、基本は「MECE」（漏れなく・重複なく）が成立出来ているかに注意を払う必要があります。また、その際に大中小の項目については「粒度やレベルを揃える」ことを意識します。例えば、業務の大区分や中小区分については、それぞれ、大「制度」中「制度（中）」小「帳票・インプット・アウトプット」→作業・内容という構成にするなどの工夫をする、例外処理は必ずFAQにまとめるようにするなどのルールを作っていくだけでも整理の効率や完成度が変わってくるものです。

　それら整理を経て想定量や想定工数を記載できれば。これをそのまま流用することができます。それぞれの項目に、業務を委託先が行うのか、職員が行うのか記載する欄を設ければ、凡そ委託したい範囲も明確にすることができ、委託先との相談・調整もスムーズになることでしょう。その後、書類動線やデータフロー、システム権限の確認などを経て、実際の委託範囲を確定し、それぞれの体制・連絡協議体制を決定していくことで、偽装請負などの法令順守に関係する項目もクリアすることができます。以前に弊社で受託した自治体で、棚卸し表を援用した仕様書・業務一覧表を委託開始時に開示いただいたことで、非常にスムーズな立ち上げが実現しました。またその業務一覧表について、アウトソース実行後もブラッシュアップを続けており、前述の「保守」プロセスが機能していると感じます。

　棚卸しのプロセスで、注意しなければならないことは、従前からの業務当事者のヒアリングをそのまま記録することによって、委託化候補業務の工数

を過大評価や過小評価してしまうことがあげられます。これは何も自治体に限られた話では無く、様々な組織で発生することであり、皆、自分のやっていた仕事・やっている業務は「適正で効率的に回せており、またそれらは重要・重大な業務である」と考えるわけで、人情であります。そのため、委託化を検討する際は、できるだけ第三者が過大評価や過小評価になっていないのかの確認を行っておいたほうが、プロジェクトが始まってからの手戻りや工数不足などによる混乱を避けることができます。また同様なトラブルを避けるためにも、候補業務について、実は職員が実施したほうが遥かに効率的であるものを委託化候補としてしまっていないか、実行主体の検討違いがおきていないかの再確認を行うことも重要です。いずれにしましても、ここでの抜け漏れや工数や数量の見誤り、把握不足は運用開始後のリスクや追加的コストに跳ね返る可能性もありますため、また、今後の組織に求められる「離合が可能な状態」「疎結合型の組織や仕事の在り方」に向けて業務の見える化は必須となってくると思われますので、業務改善の一丁目一番地である「業務棚卸し」については、機会があるときに、ぜひ早めに着手しておくことをおすすめします。

おわりに

　アウトソーシングを検討するときに、既存の業務を委託事業者にトレースさせるだけでは達成できません。ましてや、アウトソーシングによるメリットを享受するためには、職員の業務をそのままの手順や管理手法で民間の非正規職員が実行しているような、「単に賃金格差を利用したばかりのコストダウン」を想定することは非常にもったいないことと思います。職員が本質的に行っておくべき業務を絞り込んだ上で、機械化や外部ベンダーの活用を検討し設計することによって、継続的な改善マネジメントの仕組みが実装され業務の最適化と資源分配の最適化が達成されていくものと思います。

昨今では、テクノロジーの進歩もあり、庁舎内業務においても受託期間中に、委託事業者主体でのIT投資による改善事例が出てくるなど、弊社のような委託事業者が取り得る改善施策も多様化できるようになってきており、提案の選択肢も増えてきております。しかしながら、それらをコントロールし最適な手法かどうかを吟味し意志決定していくことは、自治体の仕事として重要です。また、今後多くの変化が起こることを前提にし、有意な行政サービスを推進する体制を構築するにあたり、付加価値のより高い仕事へリソース強化を進めていくことが、効率的な行政サービスの運営や住民の満足度向上につながることと思います。

第15章

地域の改革と中間支援
（コミュニティ支援・協働支援）

滋賀大学　横山幸司

なぜ、地域の改革が必要なのか

　第2章で述べたように、行政経営改革は役所内だけの改革ではありません。地域の改革も併せて行われて初めて完結するのです。

　なぜ、地域の改革が必要なのか。私は大きく四つの理由があると考えます。まず一つ目に、「不適切な歳入歳出は自治体経営の損失」だからです。これまでの章でも見てきましたように、歳出の多くの割合を占める補助金の支出先の多くは地域住民ならびに団体です。歳入も然りです。公共施設の使用料における減免措置の対象は地域の住民や団体です。地域に対する補助金等が不祥事はもとより、非効率的、非効果的に支出されているとしたら、それは自治体経営にとって損失です。言い換えれば、無駄な税金が流れていることになります。ですから、補助金であれば、その交付先の団体が適切な使い方をしているかどうかまでもチェックしていく必要があります。もしその団体のガバナンスが適正でなければ、それを是正してはじめて行革といえるのです。補助金は交付したらお終いではないのです。

　二つ目に、「都市内分権の名のもとに地域は疲弊」していることが挙げられます。これも第1章で述べましたように、地域は人口減少、超高齢社会を迎え、疲弊しています。一番問題なのは、担い手も財源も不足しているのに、高度経済成長期（人口増大期）につくられた組織・制度がそのまま存続していることです。むしろ、都市内分権のもとに地域の負担は増大している例も見受けられます。行政からの依頼は増えるばかりという自治会長さんらの嘆き節も聞こえてきます。特に、まちづくり協議会等の地域自治組織に一括交付金を交付して、コミュニティセンター等公共施設の管理まで、指定管理者制度を使って、地域に丸投げしているような自治体も数多く見受けられますが、間違った行革、民間活力の導入と言えます。自治会でさえ、維持することが難しくなってきている時代に、さらに公共施設の管理運営まで地域自治組織が担えるでしょうか。自治体はそろそろ現実を踏まえた地域自治組織の

あり方を考えるべきです。さらにそうした丸投げ感の強い自治体ほど、真に地域自治・市民自治を促進する施策や地域の人材を育成する施策を行っていません。つまり、中間支援が不足しているのです。ここにも改革が必要です。この処方箋については後ほど詳述したいと思います。

　三つ目に、「既存組織の制度疲労」が挙げられます。これも第1章で触れましたが、全国で既存組織の不祥事が相次いでいます。ネットニュースを見ていると毎日のように、自治会役員、PTA役員等の着服・横領、虚偽報告、団体担当の行政職員による着服・横領、自治会新会員に対する村八分、消防団への加入、出不足金の強制、民生委員の強制天引きによる視察と称した旅行などの不祥事のニュースを目にします。また不祥事とまではいかなくても、広報誌配布など行政から自治会への過度な負担増、PTAからの寄付金をあてにした学校の裏予算化、社会教育団体等への補助金の既得権益化、過度な減免措置などが多くの自治体や地域で問題となっています。これらの問題の本質は、戦後につくられた組織が現代の課題に対応できておらず、機能不全に陥っていることにあります。既存の組織や事業を現代の需要に合わせて統合再編あるいは再構築し、少ない担い手と財源を地域課題の何に充てるのか、そのために必要な組織・事業は何かを真剣に検討する時期に来ているのではないでしょうか。

　四つ目に、「行政からの適切な指導・助言、中間支援の欠如」が挙げられます。先に中間支援の不足について述べましたが、行政職員の中には、地域自治組織や社会教育団体には介入してはいけないと思いこんでいる職員が少なくありません。しかし、それは戦前・戦中のように強制してはいけないというだけで、これらの団体が治外法権でいいということではありません。

　また、中間支援を行ってはいるが、補助金のバラマキになっていたり、NPO支援だけで地縁組織は対象としていなかったり、ワークショップばかりしているがその結果改善されたためしがないなど、問題のある中間支援の例も多く見受けられます。中間支援組織についても誤解があります、中間支援組織は各自治体に設置されることが望ましいと思いますが、何も「市民活

動センター」等立派な建物をつくることではありません。大切なのはその機能です。さらに言えば、中間支援組織を設置する以前に、行政としてやるべきことをやっていないこともたくさんあります。先にも述べましたように補助金の交付の先までをチェックしたり、随時監査を実施したり、自治会の再編案を示すことなどは中間支援組織がなくても出来ることです。

　以上が地域を改革しなければならない理由の主なものでした。地域ガバナンスが適切でなければ、効率的・効果的な施策を実施することはできず、最悪の場合、民主主義が滞ることになります。そうしたことのないように、行政経営改革は地域を含めて改革を行っていく必要があるのです。

我が国のコミュニティ政策の歴史

　それでは、ここからは具体的にまちづくり協議会や町内会（自治会）等の地域自治組織を代表例に地域の改革について述べていきたいと思います。

　その前に、我が国のコミュニティ政策の歴史について、簡単に触れておきます。町内会の出現は、1889年明治政府による「市制町村制法」施行に遡ります。近代的な市町村が制定されたことにより、それ以前の地域単位は「自然村」となり、これが町内会の前身とされます。しかし、その後、昭和の時代になり、戦時の全体主義に組み込まれ、1940年「万民翼賛」の観点から町内会も「部落会・町内会」に統一されます。さらに、1943年の「市制町村制法」改正で町内会が法的に位置づけられました。この法的位置づけは決して良い意味ではなかったわけです。そして、このことが戦後、町内会やコミュニティ政策そのものを法制化できずに今日に至る大きな原因となっています。やがて終戦を迎えますが、町内会が全体主義に大きな役割を果たすことを危険視した占領軍は、1947年に町内会を禁止します。この政策は1952年まで続きます。しかし、やはり、純粋な意味で、町内会等の地域自治組織は必要だったのでしょう。その後、高度経済成長期と比例して、町内会は復活し、準行

政的な役割を担いながら発展していったのです。広報誌の配布などの役割は
この頃に確立されていきました。

　しかし、1970年代になると、高度経済成長や都市化に伴い、伝統的な地域
共同体に陰りが見え始めます。そのことを危惧した当時の自治省が、1971年
に「コミュニティ（近隣社会）に関する対策要綱」を発表し、全国で83地区
をモデル・コミュニティ地区に選定し、新しいコミュニティ施策を試みます
が、根本的なコミュニティの改革にはつながりませんでした。1980年代、
1990年代にも同様に自治省は3次にわたって伝統的な地域自治組織に代わる
コミュニティ施策を試みますが、いずれも大きな成果には至りませんでした。

　そうこうしているうちに2000年代になり、地方分権の流れの中で平成の市
町村合併が行われます。それと並行して、多分に市町村合併の緩和策として
の意味あいも強かったわけですが、2004年に地方自治法の改正により「地域
自治区・地域協議会制度」が創設されます。当該制度はコミュニティ政策史
上、初めて行政と住民の協働の場として位置づけられるなど画期的なもので
したが、一方で、NPM（ニュー・パブリック・マネジメント）の流れにより、
2003年に同じく地方自治法改正による指定管理者制度が施行されると、地域
協議会をモデルにした各自治体の条例に基づくまちづくり協議会等の地域自
治組織と指定管理者制度が結びつき、各地でまちづくり協議会等に指定管理
者制度を導入するという自治体が相次ぐことになるのです。しかし、このス
タイルが現在は地域の負担になってきている面があることは先に述べたとお
りです。

町内会とは

　住民はもとより、行政職員でさえ、町内会（自治会）とまちづくり協議会（名
称は自治振興会など自治体によって様々です）との区別さえ、よく分かって
いないことが多いため、この分野での改革を難しくしている面があります。

そこで、はじめに町内会（自治会）とは何かを整理しておきます。

　まず法的位置づけですが、町内会は、一般的には、法人格はない任意の地縁組織です。しかし、実体に伴い、「権利能力なき社団」として民事訴訟法第46条の当事者能力があると解釈されています。町内会の多くが法人格を持ちませんが、法人格がある場合があります。それは、地方自治法第262条の2に「地縁による団体」の規定によるものです。これは、保有資産の登記に必要な範囲で法人格が付与されるものです。認可地縁団体をめぐる課題については後述します。

　なぜ、町内会の法的根拠が少ないのかと言えば、前述しましたように戦時体制の反動です。しかし、実体は極めて公共的な団体であり、単なる任意団体ではありません。近年は、各自治体の「自治基本条例」や「まちづくり条例」の中に位置付けられる例も増えています。

　そして、その原則としては、過去の最高裁判決などから、主に以下のように解釈されています。①町内会は、法律で決められた加入を強制される組織ではなく、住民の自主的な意志でつくられる任意団体である。②特定の宗派に加担する町内会・自治会の宗教活動は排除される。③町内会は、会員の政治信条にかかわる人権保障のために、特定政党からの独立・自由が確立されなければならない。

　あくまで、町内会への加入は任意であり、特定の政治や宗教のために使われることがあってはいけません。いまだに、町内会に近い地域から立候補した自治体議会議員を町内会あげて応援したり、町内会費と同時に地域の神社の氏子代を請求したりしている町内会がありますが、これらの活動は町内会の活動とは区別されなければなりません。

　これらを含めて町内会を巡る誤解としては主に次の二点が挙げられます。一つ目に町内会は任意団体とはいえ、行政不介入であるというのは間違いです。行政から補助金等が交付され、条例等に位置付けられているなど、極めて公共的な団体であり、行政は適切な運営がなされているか指導・助言する責任があります。二つ目に、同様に、町内会は治外法権ではありません。行

政へ虚偽の報告をすれば公文書偽造であり、町内会費等を流用したり、使い込んだりすれば、業務上横領の罪に問われます。なぜか、町内会の報告やお金になるとそんなにたいしたことではないと思っている住民が少なくありませんが、総会の記録や会計は厳格に管理する必要があります。

　前述のまちづくり協議会と同様に今日、全国の町内会が多くの課題を抱えています。その主なものを挙げますと次のとおりです。①加入率の低下…住民が加入するメリットを感じない、逆に負担感を感じる。若い人や女性の意見が反映されないといった声もよく聞かれます。②少子高齢化による担い手不足…事業・組織が多すぎて担い手がいない。ボランティア活動も限界にきています。③役員の多選…担い手不足から役員が固定化し、さらにそれが非民主的な運営につながったりしています。④財政的問題…一部の役員によって予算が決定されたり、交付金等の使途が不透明だったりします。また、自主財源不足や会費の固定化、特定の事業だけに予算が配分されるなどの予算の偏在も見られます。

　町内会はこれらの諸課題を解決していかないと、今後、ますます、加入率は低下し、運営が立ち行かなくなることでしょう。最悪の場合、不祥事の温床となります。

まちづくり協議会とは

　続いて今度は、まちづくり協議会とは何かを整理しておきます。まちづくり協議会の原型になったのは先に述べましたように地方自治法上の地域協議会です。地域協議会とは、平成16年の地方自治法改正により地域自治区制度と共に創設されたものです。住民自治の充実の観点から、区を設け、住民の意見をとりまとめる地域協議会と住民に身近な事務を処理する事務所を置くものとされています。権能としては、条例で定める地域自治区の区域に係る重要事項等について市町村長が意見聴取する先であり、市町村長等に対する

意見具申権を持ちます。その長は、地域自治区の区域内に住所を有する者のうちから、市町村の長が選任し、多様な意見が適切に反映されるものとなるよう配慮しなければなりません。このように、地域協議会は、そもそも町内会とは別次元の市民議会に近い組織であり、まちづくり協議会もそれが本旨です。

　もちろん、各自治体が条例に基づいて設置しているまちづくり協議会は地方自治法上の地域協議会とは別物だと反論される自治体もあるかもしれませんが、だからといって、まちづくり協議会をあたかも町内会の代行機関のように運営している自治体は、まちづくり協議会と町内会の違いを何と説明するのでしょうか。厳しく言えば、まちづくり協議会と町内会制度がほとんど混同、濫用されているように見えます。

　以下に、まちづくり協議会を巡る諸課題をまとめますと、①町内会とまちづくり協議会の意義が理解されず、役割分担が明確でない。②その結果、組織や事業が重複、双方の長が対立、あるいは1人が兼任して独裁的な運営が見られたりする。③町内会の代行であったり、イベント組織になっていたりする。住民にとっては、屋上屋を重ねているだけのように感じる。④そこに指定管理者制度を導入したがために、さらに行政の丸投げ感、住民の負担感が増大している。比例して交付金の膨張という問題も起きている。などが挙げられます。

さまざまな地域管理組織

　町内会やまちづくり協議会など伝統的な地域自治組織の他に、近年は各省庁から地域を管理する組織や事業が提唱されています。

　代表的なものに農林水産省の「農村型地域運営組織（農村RMO）」、国土交通省の「『小さな拠点』を核とした『ふるさと集落生活圏』形成推進事業」などがあります。

「農村型地域運営組織（農村RMO）」の定義をみていきますと、農村型地域運営組織（農村RMO：Region Management Organization）とは、「複数の集落の機能を補完して、農用地保全活動や農業を核とした経済活動と併せて、生活支援等地域コミュニティの維持に資する取組を行う組織のことです。」と定義されています。具体的には、

　　（ア）　複数の集落に渡る範囲（例えば、小学校区程度のエリア）を対象に、

　　（イ）　複数集落による集落協定や、農業法人などの農業者を母体とした組織が、

　　（ウ）　自治会、町内会、社会福祉協議会などの多様な地域関係者と連携して協議会を設立し、

　　（エ）　「農用地の保全」「地域資源の活用」「生活支援」の３つの事業に取り組む組織

とされています。

　同様に「小さな拠点」は「小学校区など、複数の集落が集まる基礎的な生活圏の中で、分散している様々な生活サービスや地域活動の場などを『合わせ技』でつなぎ、人やモノ、サービスの循環を図ることで、生活を支える新しい地域運営の仕組みをつくろうとする取組です。」と定義されています。

　それぞれ各省が所管する得意分野から提唱・推進している事業ですが、その本質は変わらないと思います。本質とは、つまり、人口減少社会や財政難の中で、少なくなった人口に比例して、組織や事業、公共施設など地域資源をまとめ、その地域に本当に必要な事業を皆が寄り添って行っていくということだと思います。

　各自治体や地域が、どの各省庁が提唱するどの地域管理組織や事業を採用するかは自由です。しかし、後述しますように、いずれにせよ、その前提となるのは既存の組織や事業のスクラップアンドビルドです。この基本的な整理も出来ずに上からキャップをはめるように、新たな法人や制度を導入しても、屋上屋を重ねるだけで結局はうまくいきません。

　地方自治体や地域はこの一番泥臭く大変な作業ですが、まず大前提として

既存の組織や事業の整理から地道に行っていく必要があります。

間違いだらけの中間支援（コミュニティ支援・協働支援）

　自治体によってはすでに、市民活動センターなどを設置して、中間支援を行っている例が少なくありません。しかし、私から見ると問題のある中間支援が多く見受けられます。よく見られる例として、大きくは五点が挙げられます。

　一つ目は、「公共私の役割分担が整理されていない」という点です。地域には地縁組織をはじめ様々な団体が存在し、それぞれ活動をされています。そして、それらの団体には、通常、行政から様々な補助金等財政支援がされています。ところが、それらの財政支援は自治体各課から、各団体に支出されており、自治体全体で、どの団体にどういう補助金が支出されているかを一元的に把握されていない例が多く見受けられます。

　さらに、それらの財政支援も昔から出しているというだけで、毎年支出されている例が多く見受けられます。財政支援は、中間支援施策の一つですが、いずれにしても、その対象は地域自治・市民自治あるいは市民協働の部分であり、まずは、公共私の役割分担、すなわち、地域における市民活動のうち、行政がどこまでを担い、地域や市民はどこを担うのか、あるいは行政と市民が協働で行う部分はどこなのかを明確にしないことには、どこに補助するべきか確定できないはずです。

　ところが、多くの自治体で、この公共私の役割分担の整理もせずに、ただ前例踏襲で補助金を支出している例が少なくありません。詳しくは後述しますが、中間支援を行う際には、まずもって、地域の現状を調査し、同時に公共私の役割分担を整理することが必須です。

　二つ目に、「コミュニティへの理解」の問題です。コミュニティとは何かを行政職員が理解せずに事業を行っている例です。そもそも、コミュニティ

には２種類あります。一つは「地域型（地縁型）コミュニティ」であり、町内会やまちづくり協議会などが該当します。もう一つは、「目的型（テーマ型）コミュニティ」と呼ばれるもので、NPO法人や任意の市民活動団体などが該当します。ところが、自治体のコミュニティ支援施策を見ると、NPO支援や協働に関する補助金等のみとなっていて、「地域型（地縁型）コミュニティ」への支援は行っていない例が少なくありません。行政内部でも、自治、協働、NPO政策の違いが明確化されておらず、混同が見られます。その顕著な例が「自治基本条例」です。自治の基本を規定する条例のはずが、中身は、協働条例であったりします。ひどい場合は名前も「まちづくり条例」だったり、ただの理念条例だと主張している自治体もあります。これでは、いったい何のためにつくられた条例かも分かりません。

　まずは、行政職員が前述の町内会とまちづくり協議会の違いを認識しなければいけないのと同様に、コミュニティとは何か、何を支援するのかをはっきりと定義しないといけません。これらの定義や対象をはっきりさせなければ具体的な支援策も打てないからです。

　三つ目は、法人化すればコミュニティ問題が解決するというような誤解があることです。

　前述の認可地縁団体については、総務省の「自治体戦略2040構想研究会第二次報告」でも次のように言及されています。「…地域運営組織の多くは（法人格を有しない）任意団体であり、認可地縁団体によるものは少ない。内閣府の有識者会議では、法人化のメリットとして、①代表者個人への負担に関する不安の解消、②様々な団体との契約・連携による事業の幅の広がり、③人材確保の面で安定化などが指摘されている。…」このことから、地方自治体によっては、認可地縁団体つまり町内会（自治会）の法人化を増やすことをコミュニティ政策の目標に掲げている例を見受けますが、本質を理解されているのか疑問な場合も多く見受けます。

　どういうことかと言いますと、なぜ国が地域運営組織の法人化を目指すのかというのは、繰り返しになりますが、戦前の反動で、いまだに地域運営組

織に関する法的根拠が脆弱なためです。しかし、法人化することが真の目的ではありません。地域ガバナンスの強化が目指す本質です。極めてあやふやな運営がされている任意の地域運営組織が多いので、法人化することにより、適切な運営が図られることを期待しているのです。

　前述のまちづくり協議会も同じことが言えますが、まちづくり協議会や認可地縁団体をつくれば、コミュニティ問題が解決するわけではありません。むしろ、法人化したことにより、より新規会員を受け付けないような閉鎖的な団体と化している例も見聞きします。大事なのは法人化ではなく、法人化しようとすれば、それまでの組織や事業を見直し、会計等も適切に整備されなくてはいけません。その整理こそが行うべきことなのです。その整理もせずに、ただ法人を設置してもコミュニティの問題は何一つ解決されません。地方自治体はその整理が大変なのでそこを避けているようにも見受けられますが、首長以下一丸となって、住民と一緒に町内会（自治会）再編等に着手していく必要があります。

　四つ目は、「財政支援・人的支援」の問題です。中間支援には大きく２種類あります。一番多いのは補助金等の財政支援です。しかし、たいていの自治体が、自治体内のNPO等に一通り交付したあとは何をしたらいいのか分からず、行き詰っているのが現状です。また、補助金等がなくても活動できるような大きなNPO等に資金が行き、本当に光を当てるべき小さな事業や団体に資金が行き届いていないといった例も多く見受けられます。

　特に人口割・面積割から積算した定額補助による自動的な一括交付金は見直しが必要です。補助金・負担金等歳出の見直しの章でも述べましたが、定額補助は、最初に補助金ありきで、それを消化することが目的となりがちになり、挙句の果てに必要でないことに消費したり、最悪の場合は着服・横領といった不祥事に至るケースが後を絶ちません。行政は、きちんと予算編成の時点から、当該地域が新年度はどんな活動を行っていくのかをヒアリングし、その経費を積算して、本当に必要な補助金額を予算化すべきです。また、自治会連合会等の連合会単位だけが補助金の対象者・申請者となっている例

も見受けられますが、実際に活動を行っているのは、地域内で個々に活動を行っているグループや団体等であり、そうした本当に汗をかいている人たちが補助金の対象にもされず、申請もできないといったことは即刻改めるべきです。補助金要綱等を改正すれば済む話であり、何も難しい話ではありません。

　人的支援の代表例は、「地域担当職員制度」です。折角のこの制度も、行政職員が単なる地域の御用聞きや、事務局の代行をしている例が少なくありません。これらの財政支援や人的支援は本当の支援とは言えません。コミュニティ支援の本来の目標は、住民の自主的な活動が持続可能な事業になるための事業化への支援や団体が自立して運営できるようになるための団体育成です。自治体はそのような人材育成のための講座や研修会を開催することも重要な人的支援策であると認識して推進していただきたいと思います。

　五つ目は、「中間支援組織」の問題です。これまでに述べてきましたように、そもそも、「市民活動センター」などの中間支援組織は、NPO支援中心の中間支援組織が多く、地域型コミュニティへの支援が行われていないか、極めて脆弱なことが多いです。その原因の一つには、これまで述べてきたように、地域自治へは行政不介入のように勘違いしている行政職員が多いからです。また、二つ目で述べましたように、支援策も補助金による財政支援策が多く、本当に必要な事業化や団体育成のための支援が弱いといえます。

　行政も中間支援組織にコミュニティ支援を丸投げするのではなく、行政として行うべき書類や会計のチェック、町内会の再編案の提案など、なすべきことをしつつ、しかし、行政が直接言うと角が立つようなことも中間支援組織をうまく活用しながら、地域自治に積極的に関わっていくことが重要です。

地域の改革の手順

　地域の改革の手順は、行革の手順と比例します。「①地域診断と公共私の

役割分担の整理」→「②組織や事業のスクラップ＆ビルド」→「③適切な中間支援策の策定」→「④適切なモニタリング」という流れになります。

　それぞれの段階を詳しく説明していきましょう。はじめに、「地域診断」です。全国各地で「地域診断」や「地域カルテ」の先行例がありますが、まちの良いところ、課題は何かといった程度のものが多く、それに比例してワークショップを行っている自治体もありますが、本当の「地域診断」はもっと深いところまで地域の実態を把握していくことです。

　人口減少や高齢化の割合など、統計数字に出てくる事柄はもとより、あまり表に出てこない実態をきちんと把握することが重要です。例えば、引きこもり、交通弱者等要支援者の状況はどうか？　町内会等は適切な運営がなされているか？　当該地域が一番困っていることは何か？　などです。また、地域にはどのような団体があり、どのような活動が行われているか？　そこにはどのような公的支援がされているか？　といったことも後に公共支援策を検討するために把握する必要があります。

　この実態把握が正確になされなければ、的確なコミュニティ支援も出来ません。ゆえに、この最初の「地域診断」は極めて重要です。行革で言うならば、最初の「業務の棚卸し」にあたります。

　地域診断の方法にはいくつかの方法があります。実際に現地に赴いて行う実地調査や関係者から聴取するヒアリング調査、さらにはアンケート調査もその一つです。住民に対して調査票を配布して回収する方法ですが、無記名で行うと、住民の本音が出やすいなどの利点があります。おざなりのアンケート調査を実施するのではなく、本当に地域の実態、住民の意識を浮かび上がらせる調査項目を設定することが重要です。

　同時に、先にも述べましたが、自治体は、地域における公共私の役割分担を整理する必要があります。それを整理していくと、こんなことにまで行政が関与していたのかといった例や、逆に支援が必要なのに全くされていないといった例が出てきます。また、各課が集まって整理することにより、重複するような支援策の統廃合など、予算の有効活用にも繋がります。

二番目は、「組織や事業のスクラップ＆ビルド」です。地域の担い手が不足し、参加率も低下・形骸化しているような組織や事業はスクラップし、地域の負担を軽減していくことが重要です。組織の例では、まちづくり協議会や自治会の統合再編がその代表的なものでしょう。さらに分野ごとにも統合再編が必要です。例えば、子ども関連で言えば、子ども会、青少年育成市民会議、まちづくり協議会の教育部会等類似の活動を行っている組織の統廃合などです。事業の例では、地区ごとの盆踊り大会や運動会など、参加率も低下しているような事業の廃止です。何もしないことがいいと言っているのではありません。地域の負担になっているような組織や事業はスリム化したうえで、本当に必要な組織や事業を再構築することが大事です。

　こうした組織・事業の統合再編は、もちろん、行政側から一方的に強制することはできません。しかし、当事者同士ではなかなか進まないのが実際です。行政が音頭をとって、有識者など中立公平な立場の第三者による組織を設置して、自治体職員と一緒にたたき台を作成するのが望ましいでしょう。そして、さらに自治体側だけでなく、地域の市民や団体も交えて、協働して統合再編策を検討していくことが望ましいでしょう。

　その際に、郵便局や農協など民間ではありますが極めて公共的な団体や民間企業等との連携も同時に考えていくことも重要だと思います。第1章で述べたように民間企業等もこれからの公共政策を担う重要なパートナーであるからです。

　三番目に、「適切な中間支援策の策定」です。前述の「①地域診断と公共私の役割分担の整理」「②組織や事業のスクラップ＆ビルド」を経て、実際に、地域に対して行う支援策を検討します。

　例えば、地域自治組織に対して、適切な規約の作成や会計処理に関する研修の実施など基本的なフォローはもちろんですが、他にも様々な支援策があります。人的支援（地域担当職員制度など）、財的支援（補助金・委託費の交付など）をはじめ、環境整備、情報提供、指導・助言、人材育成などがその代表的なものとして挙げられます。

現在、こうした支援策が実施されていない地域や活動に対しては、新たに実施していくことが必要ですし、これまでにない地域課題が出てきた場合は、新たな制度を創設することも重要です。

一方、予算には限りがあることから、これまでに行われてきた支援策も優先度等に鑑み、統廃合していくことも必要ですし、継続するにしても、補助金であれば積算方法が適切なのか、負担金であれば、負担割合が適切なのか等を改めて検討していくことが必要です。

最後に「適切なモニタリング」です。行革と同じく地域の改革も、一度見直せば終わりではありません。常に不断の見直しがなされていく必要があります。そのためには、中間支援組織を設置することが望ましいです。中間支援組織とは、何も立派な「市民活動センター」等をつくることではありません。中間支援を行う機能、体制さえ整備されていれば良いのです。体制の例としては、専門的かつ合理的・客観的な指摘ができる第三者による構成が望ましいです。例えば、弁護士（司法書士）、公認会計士（税理士）、社会保険労務士、金融機関、NPO専門家、大学教員などです。事務局の職員を除いて非常勤で良いかと思います。業務としては、①情報収集・提供、②相談業務、③指導・助言、④研修・講習の開催、⑤地域診断、⑥専門家や関係機関との連携などが挙げられます。

改めて、中間支援組織は、①行政からの丸投げ感のない、地域へのきめ細かなフォローアップ、②厳しいことも指摘できる合理的・客観的な立場からのモニタリング、を担うことが重要と考えます。

おわりに

これまで述べてきたように地域の改革は行政経営改革の一環です。しかし、このことを自治体の行革担当課やコミュニティ担当課に話してもピンとこない自治体が多いのも事実です。人口減少社会・超少子高齢社会の到来で、コ

ミュニティの再構築は待ったなしです。併せて、そこに流れている財政出動も見直していかなければ、これからのコミュニティを維持していくために必要な予算も確保できません。すでに全国各地でコミュニティの崩壊は始まっています。残された時間は多くありません。行革担当課とコミュニティ担当課だけでなく、地域に関係する全ての課が集まって、真剣に今後のコミュニティ政策を議論していただきたいと思います。

参考文献

※中田実・山崎丈夫・小木曽洋司「地域再生と町内会・自治会」自治体研究社 (2012)
※総務省「自治体戦略2040構想研究会第二次報告」(2018)
※農林水産省ウエブサイト「農村型地域運営組織 (農村RMO) の推進 ～地域で支え合うむらづくり～」https://www.maff.go.jp/j/nousin/nrmo/ （2022.12参照)
※国土交通省ウエブサイト「『小さな拠点』を核とした『ふるさと集落生活圏』形成推進事業」https://www.mlit.go.jp/kokudoseisaku/chisei/crd_chisei_tk_000021.html （2022.12参照)

あとがき

　2022年のNHK大河ドラマの主人公は実質的に鎌倉幕府という武家政権の体制を構築した執権・北条義時でした。

　私事で恐縮ですが、私の母方は鎌倉幕府が滅亡した際に尾張の国、熱田神宮の西の地に落ち延びた北条家の末裔（以後、横井姓を称する）と伝え聞いています。

　大河ドラマでは、創成期の幕府体制を構築するために御家人たちを時には武力による強権を行使し、統制していく義時の姿が描かれていました。しかし、やがて武士たちの人心を掌握するために必要なのは武力だけではなく、公正なルールであることが自明の理となり、義時の子、泰時が我が国初の武家の法律である「御成敗式目」を制定したことは誰もが教科書で習ったことでしょう。

　武士のみならず、人々が不満を抱くのは、公正なルールに基づかず、不透明な手続きや基準により、特定の人や組織だけが利益を受けることです。これは鎌倉時代から約800年を経た現代においても、その本質に変わりはありません。

　私は、毎年、複数の自治体からご依頼を受け、「事務事業見直し」や「補助金・負担金等の見直し」を実施しています。

　その際、まったく根拠も手続きも不透明な補助金等に出くわすことが少なくありません。これが現代の法治国家である日本の自治体かと思うくらいのこともあります。公正なルールに基づく行政は民主主義の基本です。どうかこのことを自治体の首長や議員、職員の皆さんは肝に銘じて健全な自治体経営を行って頂きたいと存じます。

　私たちも頑張る自治体ならびに職員の皆さんをこれからも応援してまいりたいと思います。

2023年3月

編著者　滋賀大学経済学部 教授／社会連携センター長　横 山 幸 司

■編著者略歴

横山　幸司（よこやま　こうじ）

滋賀大学経済学部 教授／社会連携センター長
行政職員を経て2013年度より現職。行政職員の間に国、県、市、町村という地方自治の全ての層に勤務した経験を持つ。各種行政委員や講演等で関わった自治体は延べ340以上を数える。(2023.3時点) 内閣府地域活性化伝道師、内閣府 PFI 推進委員会専門委員、関西広域連合協議会有識者委員、滋賀県行政経営改革委員会委員をはじめ国及び地方公共団体における公職多数。主な著書に、「行政経営改革の要諦」「コロナ時代を生き抜く自治体経営論」など。博士(学術)

■執筆者・執筆分担

横山幸司　滋賀大学経済学部 教授／社会連携センター長
　　　　　　　　　　　（第1～4, 6, 8, 12～13, 15章）
廣瀬浩志　京都みやこ税理士法人　公会計プロジェクトマネージャー（第5章）
三宮章敬　㈱ケーケーシー情報システム　自治体 DX 推進室長（第7章）
近藤一夫　近藤一夫税理士事務所　所長（第9章）
廣瀬良太　税理士法人 TACT 高井法博会計事務所　税理士（第10章）
平田明寿　㈱日水コン　シニアエンジニア（第11章）
島　健人　キャリアリンク㈱　常務執行役員（第14章）

行政経営改革の理論と実務

2023年3月24日　初版第1刷発行

著　者　横　山　幸　司

発行者　岩　根　順　子

発行所　サンライズ出版株式会社
　　　　〒522-0004 滋賀県彦根市鳥居本町655-1
　　　　☎ 0749-22-0627

印刷・製本　サンライズ出版株式会社